旧統一教会
大江益夫・
元広報部長懺悔録

樋田毅

光文社新書

プロローグ

大江益夫《ますお》さんはかつて、世界平和統一家庭連合（旧・世界基督教統一神霊協会＝統一教会）の広報部長という要職を務めていた。一九四九年生まれで、満七五歳。おそらく、今も信者である。「おそらく」という曖昧な書き方にしたのは、大江さん自身が「教団とは距離を置いている。教団側は私のことを、ちょっと危ない人間だと思っているようだ」と話しているからである。約二〇年前に故郷の京都府福知山市内の山村に戻った後は、信者生活に欠かせないとされる日曜日の教会通いをしていない。信者に課せられた「禁酒・禁煙」の戒律も守っていない。ただし、旧統一教会が設立し、大江さんが事務局長や理事長を長く務めていた国際ハイウェイ財団（日韓トンネル事業推進の組織）の評議員はつい最近まで続けていた。つまり、関連団体とのつながりはある。二〇一二年に亡くなった文鮮明《ぶんせんめい》教祖とは、夢の中でよく会っている。

「文先生（大江さんは、文教祖のことをこう呼ぶ）と相撲を取る夢を見ます。私は必ず投げ飛ばされ、負けてしまいます。別の夜は、自転車を漕《こ》ぐ夢を見ます。背中が急に重くなり、気づくと、文先生が背後から覆いかぶさっていて、耳元で『もっとしっかり漕げ』と命令するんです。教会から逃げようと山道を懸命に駆け上がっている夢では、やっと頂上にたどり着くと、ビルがあり、そのビルのエレベーターが開いて、文先生が出てくるんです。『待っていたぞ』と私に告げ、追いかけてくる。理屈ではなく、実感の世界です。どうにも文先生から逃れられないという感じなんです」

　恐ろしい夢だが、私の知人の元信者も「教団から抜けたころ、毎晩のように文教祖の夢を見た。教祖の呪縛からそう簡単には逃れられない。まだ信者としての意識があるのなら、なおさらのことだろう」と話している。

　大江さんが旧統一教会で過ごした六〇年近い日々について、私は何度も話を聞いた。霊感商法や自民党との関係、韓国の教団本部への送金問題などについて、大江さんは「やりすぎだった」「どうにもならなかった」などと反省の弁、悔恨の言葉を繰り返した。大江さんは二〇二三年秋に末期に近い大腸ガンの手術を受け、現在は自宅で静養中である。「あの世に行く日が近いかもしれない」とも話し、ある種の覚悟を持っているように思えた。ある日、大江さんの話を『元広報部長の懺悔録』というタイトルで本にまとめたいと提案すると、大江さんは「お受けしましょう。タイトルもそれで構いません」と応じた。

大江さんは、歌手の桜田淳子さんや元有名スポーツ選手らが統一教会に入信したり、合同結婚式に参加したり、といった大騒動が起きた一九九二年に統一教会の広報担当になり、翌年から一九九九年まで約七年間にわたり、広報部長を務めた。その七年間は、日本統一教会の会長が七人も入れ替わるという激動期だった。赤報隊を名乗る犯人が朝日新聞阪神支局を襲撃し、記者二人が殺傷された事件を追った拙著『記者襲撃　赤報隊事件30年目の真実』（岩波書店）でも、私は大江さんについて触れている。『記者襲撃』では、統一教会を「α教会」という仮名で書き、教会関係者も、ほとんど仮名にしていた。大江さんのことは「後に広報部長となる小山章氏」と仮名で書いた。

「私は信仰によって魂の不滅を信じています。なので、あの世に行って、いろいろな人に出会います。阪神支局で殺された小尻《こじり》知博《ともひろ》さんにも会えるでしょう。誰に会っても、後ろめたさを感じることがないように、この世に真実を語り残しておきたい」

私は、大江さんの真剣な思いを受け止め、心して「懺悔録」をまとめなければならない。

そう思いながら、取材と執筆を進めた。

旧統一教会　大江益夫・元広報部長懺悔録

目次

第1章

出会い

懺悔 その1

「『高齢者など社会的弱者から多額の献金を受け取ることに慎重であるべきだ』『生活基盤を脅かす高額の献金を受け取ることは自粛が必要』。これらの私の提言が無視されてきたことが改めて悔やまれます。統一教会は目的のためには手段を選ばなかったところに根本的な問題がありました」

　二〇二一年一一月八日、早稲田大学生川口大三郎君の死から四九年を経た命日に、私は静岡県伊豆市の寺にある川口君の墓を訪ねた。一九七二年一一月八日、早稲田大学文学部二年生だった川口君は過激派の革マル派によって敵対党派である中核派のスパイと誤認され、自治会室でリンチの末に殺された。墓を訪ねたのは、川口君が殺された経緯や、その後の学生たちの革マル派との闘いの記録などをまとめた拙著『彼は早稲田で死んだ――大学構内リンチ殺人事件の永遠』（文藝春秋）をやっと出版できたことを、墓前に報告するためだった。この日の墓参りは、川口君の級友やサークルの友人らと一緒だった。

　墓に隣接した寺の本堂から読経の声が聞こえてきた。本堂で川口君の五十回忌法要（仏教では数え年で計算）が催されていた。私は、読経が終わるのを待って本堂に入り、川口君のお姉さんに会って、できたばかりの本を手渡した。彼女は本をすでに持っていて、「三分の一ほど読んだ」と話した。その後、墓前に戻ると、お姉さんに案内されて初老の男性三人がやってきた。この男性たちは、川口君殺害事件が起きた当時の早大原理研究会、つまり旧統一教会の学生組織の元幹部たちだった。その中に大江益夫さんがいた。私は、その時まで大江さんと直接の面識はなかった。「私は、樋田さんが書かれた『記者襲撃』で『小山』として登場しています」と大江さんは自己紹介した。なぜ、彼らが川口君の法要に出席し、墓前にやって来たのか。私には、驚きと戸惑いがあった。

大江さんは「私たちも革マル派と闘っていました。本の中で、川口君と私たちの関わりについて触れていただいたことに感謝します。私は五冊買い、周りに配った。そのうち一冊を川口君のお姉さんに差し上げたのです」と言った。

大江さんが指摘したように、『彼は早稲田で死んだ』では二か所、川口君と早大原理研究会の関わりについて触れていた。一つ目は、川口君が一年生だった一九七一年に原理研究会系の早稲田学生新聞の記者として野球の早慶戦などを取材し、記事を書いていたこと。二つ目は、川口君が殺されて一年後の七三年一一月に、母親の川口サトさんが大学から提供された見舞金六〇〇万円を「川口記念セミナーハウス」の建設のために拠出し、早稲田学生新聞が中心となった募金運動によって施設建設に取り組んだことを紹介したこと。サトさんは「早稲田の学生さんたちに、安い料金でくつろいでもらえる民宿をつくりたい」と夢を語っ

早稲田で革マル派に殺害された川口大三郎君の五十回忌法要の日、川口君の墓前で、かつての級友や後輩たちと早大原理研究会の元幹部たちが一堂に会した。その中に、筆者（右から２人目）と大江益夫さん（右から３人目）がいた。この出会いをきっかけに本書が生まれた。

2021 年 11 月 8 日、静岡県伊豆市にある寺の墓地で

ていた。

川口君は早稲田学生新聞の記者だった時、先輩記者に誘われ、旧統一教会の修練会にも一度だけ参加している。しかし、入信はしなかった。その後、学生新聞の記者もやめた。そこで川口君と早大原理研との縁は切れていた。だが、大江さんたちはセミナーハウス建設のための募金活動を機に、サトさんとの関係を築いた。その後、セミナーハウスの運営のあり方などをめぐって意見が合わなくなり、川口家と旧統一教会は疎遠になった。私はそう聞いていたのだが、両者の交流は半世紀にわたって続いていた。川口君のお姉さんに経緯を尋ねると、「私の家族は誰も統一教会には入信していません。けれども、大江さんたちが弟のことをずっと思ってくださるので、無碍《むげ》にお断りもできません」と話していた。

なりゆきで、大江さんたちと一緒に改めて墓参りをすることになり、法要を取り仕切っていた僧侶の読経のもと、順番に焼香した。大江さんの提案で、早稲田の校歌も一緒に歌った。大江さんの隣にいたのは、大江さんの次に早大原理研究会委員長を務めた井口《いのくち》康雄さん。もう一人の男性は、案内役とみられる地元静岡の信者だった。

大江さんが突然、「ちょっと、二人だけで話したい」と言って、私を墓地に隣接する森の中へ連れていった。正直に言えば、「何をする気なのか」と少し恐怖を感じながら、ついて行った。森の奥深く、大江さんは周りに人がいないことを確かめた上で、こう話した。

「先ほど、寺の本堂での法要の際に、樋田さんが来ていることを知り、私が川口君のお姉さんに墓まで連れて行ってほしいと頼みました。樋田さんにどうしても伝えたいことがあったからです。あの『記者襲撃』はよく取材されている。あそこで書かれていることはすべて正しいと私は思います。あの本に出てくる元革マル派の統一教会幹部、あれは早大原理研究会元委員長の河西徹夫さんのことですね。彼が『国際勝共連合あるいは統一教会が組織として朝日新聞社の事件に関わっていたという事実はない。当時、国際勝共連合の中枢にいた人間として断言できる。ただし、末端の信者が暴発した可能性までは分からない』と樋田さんたちの取材に述べていますが、私も同じ意見です。私の直感としては、その可能性が高いと思います。そのことを樋田さんにお伝えしたかった」

『記者襲撃』では、「α教会」と仮名にしてはいたが、警察は旧統一教会が赤報隊事件に関与していたかどうかを捜査していたこと、朝日新聞も取材していたことなどに言及していた。

　大江さんは具体的な裏付けデータを示したわけではない。しかし、その後の取材で、大江さんは、赤報隊事件に旧統一教会の関係者が関わっている可能性があると考える根拠をいくつも挙げ、「小尻さんに謝罪し、懺悔したい」と言った。その詳細については、第10章で紹介させていただく。

私は二〇二二年秋に日刊ゲンダイで「早大原理研と『過ち』の原点」と題した連載記事を書いた。「早稲田大学原理研究会」の草創期に、今に続く旧統一教会の様々な問題の萌芽がすでにあったと指摘する記事だった。取材にあたっては、大江さんから密《ひそ》かに協力を得ていた。一九回にわたった連載の最終回で、「元早大原研委員長の訴え」というタイトルの、信者の立場で書かれた一文を掲載した。当時は匿名だったが、今回は「大江益夫さんの訴え」と明示し、以下に再録する。

> 安倍晋三元首相の暗殺事件以降、私たちが人生をかけた教団は存亡の危機にある。生き残るためには、日本の教団が自主独立性を確保し、韓国の本部からの送金要請を断る以外にはない。最近、勅使河原《てしがわら》秀行改革推進本部長が「献金が生活を害するような過度なものになってはならない」と表明した。その取り組みに多少の期待はするが、韓国への送金をやめない限り、問題は解決しない。

私たちは一九七五年以来、韓国への送金を続けてきた。これは一九〇五年（韓国併合は一九一〇年だが、旧統一教会は伊藤博文が初代韓国統監に就任した年を植民地支配の出発点と捉えている＝筆者）から（終戦の年の＝筆者）一九四五年まで、日本が韓国を植民地支配したことへの贖罪《しょくざい》のためだった。だが、植民地支配の期間（四〇年間）を超える歳月にわたり送金を続けたことで、私たちの贖罪の責務は十分に果たせた。だから、ここで区切りをつける。そして、キリスト教の一派である私たちは、キリスト教の伝統に則って「一〇分の一税」（毎月収入の一〇分の一を献金する）を導入し、日本の教団の運営を支える。そうすれば、日本の信者も世界各国の統一教会の信者たちと同じように、祈りと伝道の日々を取り戻すことができる。

早大原研の委員長経験者の一人が一九九〇年代に日本統一教会の副会長になった際、文鮮明教祖に「日本の信者は献金に次ぐ献金で疲弊している。もう限界です」と直訴した。当時の霊感商法を念頭に置いた訴えだったが、彼は直訴したことが問題となり、副会長を辞任した。

私も、教団の要職（広報部長＝筆者）を外された際、仲間の名前を借りて『統一教会の検証』（光言社）という本を一九九九年に出版した。様々な提言の多くは、教団幹部のチェックで削除されたが、高額献金の問題点についての指摘は残せた。「高齢者など社会的弱者から多額の献金を受け取ることに慎重であるべきだ」「生活基盤を脅かす高額の献金を受け取ることは自粛が必要」。これらの私の提言が無視されてきたことが改めて悔やまれる。統一教会は目的のためには手段を選ばなかったところに根本的な問題があった。その代償は深刻で、被害救済のための真摯な対応も欠かせない。

この一文には「懺悔」という言葉はない。しかし、長年にわたる韓国の教団本部への巨額の送金、年間一〇〇億円を超えていたという送金の負担が、信者たちの心身を摩耗させ、法外な額の献金強要などによって多数の被害者を生み、社会の批判を受けてきたことへの深い悔恨の念が滲《にじ》んでいる。取材の際、大江さんは、旧統一教会が「目的のためには手段を選ばなかったところに根本的な問題があった」と何度も強調していた。大江さんに改めて尋ねると、「当然、懺悔すべきことです」と答えた。

なお、大江さんは、この訴え文について「韓国からの送金要請を断る以外にはないと書いたが、米国やヨーロッパ各国の教団と同じ水準、つまり常識的な範囲の送金であれば、日本の教団の自主独立性の確約を前提に受け入れてもよい」と一部訂正している。

第2章

生い立ち

懺悔 その2

「私の経験に照らして、統一教会の信者になるというのは、すべてを捨てて、文先生を信じ、信仰にのめり込む、とてつもなく過酷で、大変なことなんです。自分でこんな言葉を使うのはおかしいかもしれないが、洗脳のレベルが半端でなかった。ですから、信者生活の傍ら、何か別の人生を楽しむなどという余裕はありませんでした。こうした道を選んだことについて、懺悔に似た気持ちがあります。いまさら、どうにもならないことですが……」

ここからは、大江益夫さんの人生を追いかけながら、一問一答の形で懺悔話を聞いていく。

二〇二三年の晩秋、私は京都府福知山市夜久野町《やくのちょう》にある大江さん宅を初めて訪ねた。大阪の自宅からマイカーを飛ばし、中国自動車道を西へ。兵庫県三木市の吉川ジャンクションで舞鶴若狭自動車道へ入って北上し、京都・福知山のインターで一般道へ出る。福知山市の中心街を走り抜けて、山沿いの細い道を三〇分ほど走ったところにある小さな集落の中に、大江さんの家はあった。静岡県伊豆市の寺での墓参で出会った後は電話取材のみだったので、山里での大江さんの暮らしぶりに興味がわいた。

玄関の土間を上がると、大腸ガンの手術を終えて退院していた大江さんがホームコタツで温まりながら待っていた。

「手術は六時間以上かかりました。ステージⅢで、大腸の三分の一を切除し、人工肛門になりましたが、なんとか生還できました。お医者様の話では、お陰様で、今のところ転移はしていないとのことでした」

大江さんの家は、農林業を営んでいる。スギ、ヒノキを植林し、丹波栗の生産に力を入れている。旧統一教会の関連団体で働いていた時の厚生年金も、わずかだがあるという。傍らで付き添う奥さんとは、文鮮明教祖が主宰する合同結婚式で結ばれた。

「妻とは教団内で以前からの知り合いでした。統一教会では、文先生が結婚相手を決めることになっていますが、最初のころは、信者数も少なかったので、個別のつながりに配慮してくれたのです。結婚の候補者がそれぞれ三人ずつ希望する相手の名前を書いた紙を提出し、一致すれば希望通りの相手と結婚できた。私たちの場合も希望通りになりました」

統一教会では、信者の希望は聞かず、文教祖の意のままに結婚相手が決められるのが通例である。それに比べれば、大江さん夫婦は互いに想いを寄せ合っている者同士だったので、大変恵まれていたといえる。奥さんは大江さんの看病の傍ら、畑で育てた野菜や山野で摘んだ蕗《ふき》の薹《とう》などを近くの「道の駅」へ売りに行き、小遣いの足しにしているという。

大江さんは私を居間の奥の部屋に案内した。そこには、仏壇、統一教会の祭壇、神棚が同じ大きさで順に並んでいた。

——なぜ、三つの宗教の祭壇が並んでいるのか？

「〝超教派〟という考え方に基づきます。英語ではエキュメニズムと言います。統一教会はキリスト教の一派ですが、その中でも、〝超教派〟を名乗っています。万教帰《き》一《いつ》、万教同根。すべての宗教は根っこのところが同じという考え方です。

我が家の元々の宗教は臨済宗の南禅寺派です。家のすぐ近くにある大智寺が菩提寺です。この家は築一五〇年、大智寺は築二五〇年。うちは古い檀家です。家族の命日などには大智寺のお坊さんが我が家に来てくれますし、私も寺に行きます。統一教会の信者として故郷を離れていた時も、お寺との関係は切れていません。ただし、さすがに寺の役員にはなれません。

次に、神道ですが、うちの地区には、以前は大江の姓の家が二三戸あり、昔から大江一族のムラでした。峠を越えて北側にある大江山。酒呑童子《しゅてんどうじ》の鬼伝説がある大江山は霊山なので、その麓《ふもと》には、我々大江一族は住めない。だから、峠を越えたこの地に住んだという言い伝えがあるんです。京都市西区の大枝《おおえ》沓掛《くつかけ》町に大枝と書いてオオエと読む神社があります。この大枝神社が大江一族のルーツになります。だから、とても大切にしています。

一族の長老が書いた本によると、大江一族の歴史は三〇〇〇年に及びます。鎌倉幕府の別当となった大江広元も元々は京都の公家で、一族の源の一つです。広元は源頼朝に付き従って功があり、今の神奈川県厚木市にある毛利庄《もりのしょう》を幕府からいただいた。その後、子孫が広島・安芸に移封《いほう》された際、姓を毛利にした。だから、武家の大江の一統は戦国時代を生き延びた長州の大名の毛利家なんです。私たちの大江一族は落ちぶれ、武家でも公家でもなく、庶民になった。しかし、大江の誇りを持ち続けています。ついでに、全国の大江姓の人たちのうち、海に近いところにある、大きな入り江の意味の大江姓は別系統です。山の中にある大枝由来の大江姓は、同じ一族とみなしています。ですから、愛媛の山奥の出身の大江健三郎さんも、私たちの大江一族のお仲間と勝手に思っています。と、まあ、こんな感じで仏教も神道も受け入れています。日本では昔から仏教と神道が同居していました。我が家の場合、それに統一教会が加わったようなものです。私流の解釈かもしれませんが、そう考えています」

——超教派は本来、同じキリスト教の中でプロテスタントとカトリックと東方正教会が互いに協力し合う運動とか、プロテスタントの中の異なる教派が協力し合う宗教運動だと理解しているが。

「いや、文先生が主導した超宗教議会では、キリスト教の枠を超え、同じ旧約聖書を聖典の一つとするイスラム教などにも運動への参加を働きかけています。具体的には、キリスト教、イスラム教、仏教、儒教、それにギリシャ哲学を加えた五大宗教の一致運動に取り組んできました。その関係で、私にもイスラーム（イスラム教）の信者の親しい友人がいます。また、日本の統一教会では、仏教や神道なども万教帰一、万教同根の対象に加えています」

――日本でも、奈良、平安の時代から仏教と神道が同居する神仏習合の考え方がある。外来の仏教が日本に元々あった神道の世界に浸透していくための戦略だったという説もあるが、統一教会の超教派についての考え方も、それに似ている？

「そうかも知れません。統一教会の『統一』には、すべての宗教は一つである、また、一つにしていく、というような意味合いがあります」

大江さんは、地元の小、中学校を卒業した後、進学校だった京都府立福知山高校に入学した。そこで共産党系の青年組織の日本民主青年同盟（民青）に加入した。一年生の時は、民青の熱心な活動家だった。二年生の夏に統一教会に入信した。

――最初に民青に入った経緯は？

「私は地元の小学校と中学校に通い、一九六五年に福知山高校に入学しました。旧制の京都府立第三中学校ですね。一年生の時に、教室の真後ろの席の友人がいろいろ話しかけてきた。ベトナム戦争への厳しい批判など、普通の新聞では出てこないことを言う。秋になって、彼は『こういう新聞がある』と、民青新聞を私に勧めた。すると、彼が話していた内容が書いてある。なあんだ、そうだったのか、と私は思った。それで、自分も読みたいと伝えたんです。この友だちが民青同盟員で、私を民青に誘った。私は二つ返事で加盟しました。入ってみると、福知山高校に民青同盟員が約四〇人、民青新聞購読者は約八〇人もいました。大勢力でした。私の小、中学校時代の親友が同和地区の出身で、私も様々な差別の実態を知り、彼と一緒に闘いました。それも、民青に入った動機の一つだったと思います。この民青同盟で、私はＬＣになった。ＬＣというのは、共産党や民青の秘密めいた用語で、リーディング・コミッティー（指導者グループ）の略です。活動単位の班や支部を引っ張っていく重責を担いました。二年生になって、私は生徒会の副会長に立候補し、当選しました。会長には私の友人だった先輩を立てた。でも、生徒会の執行部員一一人のうち過半数の六人を民青同盟員で占めていました。その六人のリーダーは私だったので、実際には私が生徒会を率いていました。

当時の一番の思い出は、京都府の『高校生の集い』を福知山高校で開催したことです。府内の全域から何千人もの高校生が集まるんです。そのほとんどが民青同盟員か、その賛同者たちですから、元気が出ます。参加していて、自分たちの力で社会を変えられると本当に思いました。当時、京都は共産党の蜷川虎三《にながわとらぞう》知事の時代です。集いでは、ベトナム反戦や部落差別問題など硬派のテーマが並びました。民青同盟員らが活動している各校の社会科学研究会、部落研などが発表するんです。冬休みや春休みが選挙に重なると、私は朝早くから深夜まで選挙運動を手伝いました。福知山市内の選挙事務所から自転車で帰宅するのは午後一〇時とか一一時でした。私が民青にいた時期と少しずれますが、ジャーナリストの有田芳生《よしふ》さんのお父さんも福知山の選挙区で共産党から何回も立候補し、いつも落選されました。有田さんはジャーナリストとして旧統一教会を厳しく批判されてきた。私が教団の広報部長だった時には、厳しく対応をしたこともありますが、同郷のよしみというものも感じております」

――民青の活動家から統一教会の信者になった経緯は？

「最初は、マルクスが主張していることの一部に素朴な疑問を抱いたことです。民青同盟員は定期的に勉強会を開き、共産党の教本を読んで、マルクスの経済理論などを学んでいました。高校二年生のころです。その勉強会で、労働価値説について疑問が浮かんだんです。労働価値説では、商品価値は、その商品を作るために費やされた労働時間で決まるという考え方なんですが、果たしてそうだろうか。商品の価値は、需要と供給の関係で決まるものだろう。私は、素朴にそう思ったのです。当時、ソ連で労働者が粗悪品を作るといわれていたのは、時間さえかければいいという労働価値説の曲解に一因があるのではないかとも考えていました。今だったら、労働価値説は、その次に来る剰余価値論に導くための、哲学的な概念という説明がなされるかもしれませんが、当時の私は納得がいかなかった。それで、福知山市の民青同盟の委員長に説明を求めたんです。ところが、彼は書棚に並ぶマルクス・レーニン全集を見せながら、『君はこれらの全集を読んだか。全部を読んでから質問しなさい』と言ったのです。彼は私の疑問には答えてくれなかった。もやもやした気持ちのままでした。彼が全集を読破していたかどうかは知りません」

――そんな時、旧統一教会と出合った？

「二年生の夏に、国鉄（現在はＪＲ）の福知山駅前で変な連中が代わる代わる演説をしているのに出くわしたんです。それが、京都大学の原理研究会（旧統一教会の学生組織）のメンバーたちでした。彼らは暑いのにネクタイ姿でした。それで、議論を私の方からふっかけたんです。『宗教は、貧困、差別、戦争などの諸矛盾から大衆の目をそらし、歴史変革を妨げる存在だ』と主張しました。向こうが『君は唯物論者か？』と聞くので、『そうだ。あなたたちは唯神論者だろう』と問い返すと、『違う』という答えが返ってきました。Ｆさんという人でした。彼は『唯物論と唯神論を対立的に捉えるのではなく、両方とも部分と捉えている。心と体が統一されるように、体である唯物論と心である唯神論が弁証法的に統一される。これが真実だ』と説明しました。今から考えれば、統一教会の理論というよりも、Ｆさん独自の理論だったのかも知れません。ですが、この説明がなかったら、私は入信していなかった。Ｆさんが『自分たちの言うことをじっくり聞いてから質問してほしい』というので、私は『望むところだ』と答えて、夏休みの一週間、Ｆさんが特別に用意したメニューに沿って黒板講義を受けたのです。いわゆる原理講論に沿った講義ではなくて、私に合わせた特別メニューの講義をしてくれました。

　その講義で、神の存在をめぐる議論となりました。『君は、宗教はアヘンだと思っているんでしょう』とＦさんが聞くので、私は『当然です。神はそもそも人間がつくり出した概念です。それを信じてどうするんですか。宗教は深刻な社会問題を大衆に考えさせないようにするためのアヘンそのものです』と答えました。Fさんの講義は、まさに、そこにポイントを絞った内容でした。彼は『すべての事象には原因と結果があります。その原因を過去にずっと遡《さかのぼ》っていくと、宇宙が生まれた原因に突き当たるわけです。この原因から、宇宙が生成、拡大し、地球ができ、やがて生物が誕生し、人類に進化し、長い歴史を経て現在の世界に至ります。これらはすべて、結果です。原因と結果が相互に連関し、つながりながら今があるわけですが、そもそもの宇宙誕生の最初の原因を、我々は第一原因と名付けました。究極原因とも呼んでいる。この究極原因のことを、我々は神と呼んでいるんです』とFさんは言うのです。白い髭を生やした老人、人間の姿をした神様ではなく、宇宙、地球、そして、この世界という結果をもたらした最初の原因を神と呼んでいる。そうなのか。そういう意味なら、わかる。私は、納得してしまったのです。

この最初の関門を通ると、あとは一気呵成《いっきかせい》という感じでした。Fさんは数字に滅法強く、3、4、7、12、21、40といった統一教会で独特の意味があるとされている数字を使って、人類の壮大な歴史を説明していきました。突然、数字の意味と言われても、普通の人にはピンときませんよね。でも、Fさんが話すと、歴史上の出来事についての知識が正確、かつ豊富なため、すごく説得力があったのです。こちらは統一教会の修練会で出てくる理論と同じだったのですが、とにかく感心してしまいました。人類の歴史は旧約聖書のアダムとエバ（イヴ）の楽園追放から六〇〇〇年の歴史があり、それが二〇〇〇年単位の周期で回っているという説明でした。私は、マルクスらの原始共産制から古代、中世、封建社会、帝国主義の時代を経て社会民主主義、さらに共産主義の理想社会に発展するという理論を正しいと考えていたのですが、それよりも、はるかに壮大だと感じました。Ｆさんの講義は一週間にわたり、毎日午後の三〜四時間ずつ。いったん心が開いたら、統一教会の教理のすべてがすんなり受け入れられる。そんな心境になりました」

――旧統一教会に入信後、どんな高校生活になったか？

「Ｆさんの特別講義を受けた後、私は教団主催の四日間修練会への参加を勧められました。まだ夏休みが残っていたので、喜んで参加しました。大阪の鶴橋にあった関西本部の建物で四日間、合宿するのです。私は講義内容をノートに細かく取り、一冊にまとめました。修練会の後、すぐに入信の手続きを済ませ、福知山に戻りました。私が民青同盟に誘った仲間たちに声をかけて、『俺は民青の考え方に疑問を持っている』と伝え、統一教会の考え方について講義を始めました。私が心から納得したことを、情熱を込めて話すので、説得力があったのだと思います。四人ほどが一緒に民青同盟を辞めて、統一教会に入りました。私は、民青の組織の上司に『統一教会に入った。民青は脱退する』と正直に報告しました。しかも、仲間たちも一緒に民青を抜けてしまったので、上司は激怒しました。当然、私は裏切り者ということで除名処分となりました。これが二年生の夏から秋にかけての出来事です。三年生の時、福知山市内の私の下宿が伝道所になりました。この下宿は、冬のあいだ積雪のため自転車で通学できなくなるので、学校の近くに借りていたものでした。春になっても、仲間たちと集団生活を続けていたのですが、ここに伝道師が滞在するようになったのです」

――民青同盟に入った時、旧統一教会に入信した時、両親は反対しなかったのか？

「いずれの時も、ある程度は正直に話しましたが、反対はなかったです。民青同盟に入った時、親父は何も言いませんでした。親父は自民党政府ばかりでなく、社会党にも一回、政権を取らせた方が良いという考え方だったので、納得してくれたのだと思います。統一教会に入信した時には『統一教会はキリスト教なんだ』と説明すると、『それはいいじゃないか』と言ってくれました。お袋も戦時中、近くの綾部市のグンゼの本社工場で軍服を作る工程で働いていた時に、会社からもらったという聖書を大事に持っていて、何の反対もしませんでした。グンゼの創業者は敬虔なキリスト教徒だったのです。私は小学校で児童会長、中学校でも生徒会長などをして、優等生的に振る舞っていましたから、両親は私を信頼しきっていたのだと思います」

――高校を卒業後に上京した経緯は？

「私は三年生になっても、受験勉強はしないで、統一教会信者としての活動にのめり込んでいました。民青の同盟員だった時もそうなんですが、物事にのめり込みやすい性格だったんだと思います。文鮮明先生に最初に会ったのも高校三年生の時でした。文先生が統一教会の関西本部を訪問された時が初対面でした。その時は、文先生の説教の内容が全く聞き取れなかった。多分、文先生の少しおぼつかない日本語に、私がまだ慣れていなかったせいです。このため、特に感動した記憶はありません。ただ、力道山みたいな風貌で、ど迫力があったことは覚えています。このころには、上京して渋谷の南平台町にあった研修施設で催された原理研究会全国高校連合の研修会にも参加しました。この施設は、岸信介《のぶすけ》氏が総理大臣だった時は、総理大臣の私邸兼迎賓館として使われていたという立派な建物でした。私たちの研修中に、岸氏が顔を見せたので驚いたことを覚えています。当時、岸氏は施設の隣に住んでおられたので、私たちの賛美歌の歌声などがうるさかったのかもしれませんね。

そのころ、朝日新聞に「親泣かせの『原理運動』」というタイトルの記事が出ました。統一教会と、その学生組織である原理研究会を真っ向から批判した最初の記事でした。少しだけ、この記事の内容を紹介します。『原理運動と呼ばれる宗教的運動が全国の大学や高校に広がりだし、そのため家庭が破壊されたという父母からの訴えが、学校や警察へ相次いでいる。親たちによると、このグループに入った若い男女は性格が変わってしまい、『理想社会をつくるため……』といって家出同然、学校に通わなくなり、活動資金をせびるため、東京では父母らが〝被害者同盟〟を結成するまでになった』。この記事には、私も大変憤慨しました。この記事の影響だと思いますが、高校生は特別修練会に出られなくなってしまったのです。特別修練会は一週間の日程で、これに出ないと献身できません。献身というのは、すべてを捨てて、教会のために生きることを意味していました。私は大学進学などは考えないで献身し、家を出て、教会のために人生を捧げるつもりになっていました。地上天国の実現の時が迫っており、大学なんかに通っている暇はないという感覚だったのです。けれども、京都の教会長から『君は早稲田に行きなさい』と強く勧められました。親の意見は聞かないのですが、教会長の意見には従順でした。それで、一九六八年に高校を卒業すると、上京し、勉強は全然していないから受験はしないで、早大原理研究会の寮である、早成寮に入りました。

早稲田大学にほど近い中野区にあった早成寮は早大原理研の活動拠点でした。私は早稲田の学生でもないのに、ここで暮らし、やはり受験勉強はあまりしないで、早稲田のキャンパスで伝道したり、高田馬場の駅前で路傍伝道したり、原理講論の路上販売などをしていました。一年後、早稲田の各学部を受験し、教育学部と社会科学部に受かりました。早成寮の寮長さんに相談したら、『昼間の学部でいいんじゃないか』と言われ、夜間コースの社会科学部はやめて、教育学部へ入りました」

――振り返って思うことは？

「入信を機に文字通り、熱狂の日々が続きました。最初のころ、私たちは統一原理に基づく地上天国が三年後にできると教えられていました。遅くとも一〇年以内には実現できると信じたのです。一日も早く、その日が来るように、熱に浮かされたように祈り、懸命に伝道活動をしたのです。高校を卒業したら、すぐに献身しよう思っていたのも、地上天国実現のためでした。結局は早稲田に進学しましたが、熱い思いは変わりませんでした。

私を統一教会に導いたFさんも、京大の理系の学生でしたが、やはり信者としての活動に人生をかけたのだと思います。彼は優秀な頭脳の持ち主でした。大学院で本気になって数学を勉強すれば、何かの理論を発見していたかもしれません。でも、彼は教団向きの人ではなかったと思います。私にとっては最高の先生役をしてくださいましたが、一般的な意味での伝道は苦手な人でした。経済活動も苦手。それで、統一教会を支援する学者組織を目指した世界平和教授アカデミーという関連団体の事務方を長く務められました。ご本人がどう思っておられるかは知りませんが、Fさんは大学に残って研究者になるべき人だったと私は思います。

当時、やはり京大の原理研究会にいた太田洪量《ひろかず》さんは、さらに優秀な頭脳の持ち主で、高校時代には全国模試でトップだったと聞いています。京大工学部の原子核工学科の学生で、本人も『私は湯川秀樹先生の門下生だ』と言っていました。教団や関連団体の要職を歴任されましたが、定年になって故郷の熊本に引っ込む際、『これで教会の仕事は終わった。これからは物理学を勉強し直し、ノーベル物理学賞を目指す』と挨拶していました。彼の豪快な人柄を慕い、今も熊本の太田さんのところに、全国から多くの人たちが集まると聞いています。よき教育者であり、アジテーターとしても優れていましたが、やはり統一教会に入らず、その頭脳を生かして、研究者の道を歩んだ方がもっと有意義な人生になった人だと思います。理論物理学の世界でノーベル賞級の新たな理論を打ち出すには三十代の若さが必要だといわれています。その大事な若き日々を、太田さんは宗教的な熱狂のために費やしました。教団には、こうした優秀な頭脳の人たちが他にもたくさんいました。

そうした人たちに比べれば、私の人生などは知れたものですが、それでも、たとえば歴史学とか社会科学系の研究者になる道があったかもしれません。統一教会の信者生活は過酷で、別の人生を歩む余裕はありませんでした。私たちは、果たしてこれでよかったのか。七〇年の人生を振り返って、ある種の虚しさを感じます」

第3章

早大原理研究会

懺悔 その3

「早大原理研では、寮の費用や伝道活動の資金を得るため、物品販売や募金活動に取り組みました。その際、『障害者トーク』といって、障害者のふりをして相手の同情を得たり、『土下座トーク』といって、募金を求める際に土下座し、頭を地面に擦りつけてお願いしたり、と極端な手法を実践しました。これは、目的が正しければ、どんな手段も許される、という考え方で、後々の霊感商法にも通じるものでした。過ちの芽を小さなうちに摘み取ることができなかった。このことを懺悔しなければなりません」

一九六九年四月、大江益夫さんは早稲田大学教育学部に入学した。といっても、前年の春に京都の高校を卒業した後に上京し、早成寮という早大原理研究会の学生寮に入っていたので、生活はほとんど変わらない。当時、早成寮には二〇人ほどの学生たちが暮らしていた。極めて清貧な生活だった。一九六四年に発足した早大原理研究会が、一九七三年までの一〇年間の活動記録をまとめた『播《は》植《しょく》十年』という冊子によると、早成寮では毎朝午前五時に起床する。体操、洗面、掃除に続き、文教祖夫妻の写真を飾った祭壇の前で朝の礼拝をした後、朝食をとり、大学へ出発する。授業に出たり、キャンパス内で伝道活動や廃品回収などの経済活動に取り組んだりした後、夕方から新宿の盛り場に出て伝道活動。夜は寮に戻り、反省会や祈りの会を催し、日付が変わるころに就寝した。早朝、食事当番が近くのパン屋で袋いっぱいの食パンの耳をもらい受けてくる。近くの八百屋からクズ野菜をタダでもらい、会員の家庭から時折届く味噌などで調理する。野菜を確保できない日は、薄くて色がついただけの味噌汁にパンの耳だけの食事になる。そんな日も多かった。食費は一人当たりにすると、一日三食で二〇円に抑えていたというから、当時の物価を考えても驚きの低さだった。大江さんは「若く、使命感に燃えていたので、パンの耳だけの食事が楽しかった」と振り返る。だが、「経済活動」の進め方をめぐり、問題が起きた。

――具体的にどんな問題が起きたのか？

「入寮したころ、経済活動といえば、廃品回収でした。リヤカーを引いて寮の周辺の各家を回り、新聞紙一枚でもありがたくいただきました。しかし、教団の方でより効率のよい物品販売が始まり、早大原理研でも取り組み始めました。深夜に新宿の飲み屋街を回り、酔い客らに燻製《くんせい》などの珍味や刺繍《ししゅう》ハンカチ、花などを高額で売り歩きました。もちろん、いずれも粗悪品ではなかったので、それほど問題ではないと思っていました。問題だったのは、その次に取り組んだ募金活動でした。一九七〇年に旧ソ連の反体制作家ソルジェニーツィンがノーベル文学賞を受賞すると、『ソルジェニーツィンを日本に呼ぶための募金』を始めました。一九七五年にカンボジアでポル・ポト派が政権を握った後は『カンボジア難民救援募金』です。いずれも『詐欺的な募金活動』と世間の批判を受けました。集めたお金の大半を、寮の運営などのために使っていたので、批判は当然です」

――当時、早大原理研では募金のための「障害者トーク」や「土下座トーク」を考案したと聞いている。

「いずれも、私と親しかったリーダーが考案したものでした。『障害者トーク』は、健常者である学生が、手足が動かないとか、目が見えないとか、身体に障害があるように見せかけ、訪問先の人の同情を買って募金を求めようとしたものです。彼が試したところ、実績が上がったので、他の仲間たちにも実践するように強く求めました。『土下座トーク』は、訪問先の玄関前の路上でいきなり土下座し、頭を地面に擦りつけて、『恵まれない人たちのために募金をお願いします』と訴えるやり方でした。尻込みする学生に対し、このリーダーは『信心が足りないからだ』と責めていた。私は、ちょっとやりすぎだと思ったが、リーダーは非常に熱心な男だったので、彼に注意できなかった。今になって振り返れば、統一教会の過ちの原点が、あの無理な募金活動にあったように思います」

別の早大原理研出身の元信者が、強引な経済活動の背景について、こう説明している。

「統一教会の教理を解説する原理講論は創造原理、堕落論、復帰原理から成り立っている。

このうち最後の復帰原理が問題だと私には思える。統一教会では、旧約聖書で最初に登場するアダムとエバの堕落によって、すべての人と物がサタンの側に奪われた状態にあると考える。サタンの側にある万物を再臨のメシヤ、つまり文鮮明教祖に導かれて神の側に取り戻すことが復帰原理の教えです。神の側に取り戻すためだから、サタンの国の法律や倫理で、〝反社会的〟と批判されても、良心の呵責を感じなかったのです。私たちには天法、つまり天の法律という言葉がありました。この世の法律に反していても、天法に反しなければ問題はない。そんな考え方をしていました」

　別の元信者は、旧統一教会には独特の聖書解釈があったとして、こう話した。

「ヤコブの勝利という教えです。ヤコブのことは旧約聖書の創世記に書かれています。信仰の祖アブラハムの息子であるイサクの次男として生まれた人物です。青年になったヤコブは、年老いて目が見えなくなった父・イサクの前で、兄になりすまし、兄にいくはずの財産を騙し取り、母の手引きで遠いところへ逃れます。長年羊飼いなどをして財産を増やし、やがて帰郷して、その財産を兄に分け与えて和解します。この物語で、父親についた嘘は神の知恵だったと解釈し、ヤコブを勝利者として称え、人を騙しても神に祝福されると説いたのです。学生のころ、嘘をついての募金はおかしいと上司に訴えると、『ヤコブの勝利を思い出せ。

神の知恵なんだ』と説教されたことが忘れられません」

――これらの指摘について、大江さんの考えは？

「万物復帰という考え方に問題があったわけではありません。私たちは廃品回収に懸命に取り組んでいた時も、万物復帰のためと心の中で唱えていました。万物復帰には、布教するという意味合いもあり、もっと広い概念なのです。ですが、万物復帰という目的のためには手段を選ばないと考えてしまったところに問題がありました。この世の法律は守らなければならないのです。目的のためには手段を選ばない。これが、統一教会の宿痾《しゅくあ》とも言える深刻な問題で、懺悔するほかありません」

大江さんは早大で三年になった一九七一年、早大原理研究会の第九代委員長に就任した。そのころ、文鮮明教祖との縁が一気に深まったという。

――早大原理研委員長として、どんな任務があったのか？

「文先生は早稲田高等工学校の出身ということもあり、早成寮の名付け親でもあり、文先生と早稲田の関係を深めることが重要でした。一九七一年からは全国の大学原理研の代表らが韓国を訪問するようになり、一〇人前後で構成される代表団の一員として一〇回以上訪韓しました。そのたびに文先生にお目にかかりました。私は、文先生の前で、詩を吟じ、坂本龍馬が作った七言律詩を唄いつつ舞い踊ったこともありました。表彰状をもらったこともあります。

そのころ、文先生が『すべての人類の原罪を背負う』と言って、三日三晩、泣き続けるのに立ち会いました。その姿を目の当たりにして、本当に再臨のメシヤだと信じたのです。韓国は神の国。日本は、その韓国を植民地として支配したサタンの国。だから日本は、それを贖罪《しょくざい》し、神の国を支える『エバの国』にならなければならない。それが文先生の教えでした。私はすんなりと受け入れていました。文先生は早成寮を訪ねた折、戦時下での留学中の『電柱の涙の跡の話』をされました。下宿から学校まで通った道々の電柱には『私の涙の跡がある』とおっしゃるのです。民族的な差別を受け、官憲による厳しい取り調べを受けたという話でした。文先生は一九四三年に早稲田高等工学校を卒業して朝鮮に戻られましたが、日本留学中の抗日運動によって逮捕され、過酷な拷問を受けたと聞いています。そうした体験を経ても、『それでも君たちを、日本人を愛する』という言葉に涙したものです。

そんな折、文先生から『早稲田の状況はどうなっているのか？』と聞かれました。『ほとんど、左翼によって牛耳られています』と私が答えると、文先生は『それではダメだ。君たちは責任を持って自治会を神側に復帰しなければならない』とおっしゃった。それで、私たちはシャカリキになって、あれこれ取り組むことになりました。そうは言っても、学部の自治会を原理研で押さえるのは不可能です。革マル派が牛耳っていたし、法学部は民青系が押さえていたからです。大学の公認サークルでつくっている『文化団体連合会（文連）』も革マル派の拠点になっていた。

それで、私たちは大学の公認を受けていない、同好会やサークルを集めて『サークル連合』と称する団体を新たにつくり、そこを原理研で握り、運営するということにしました。早稲田には当時、一二四グループの非公認の同好会があり、これらの代表者を集めて『サークル連合』を結成しました。私自身は、早稲田大学弁論会というサークルを新たにつくり、その代表になりました。政治家を輩出した、あの有名な雄弁会は大学の公認団体で文連に入っていたので、それとは無関係です。私は早稲田大学弁論会の代表として『サークル連合』の役員選挙に立候補し、仲間たちの応援もあって副委員長に当選しました。委員長には仲間の河西徹夫さんが当選しました。これで、文先生の期待に応えることができたわけです。

『サークル連合』の機関紙のような役割を果たしていたのが、『早稲田学生新聞』です。やはり早大原理研の仲間たちが立ち上げた早稲田学生新聞会という同好会がこの新聞を作っていました」

懺悔 その4

「マルクス主義というのも、マルクスを信じるか信じないかの世界ですから、その意味では、宗教と言っていいと思います。私は今も、マルクスの書いたことは正しいと思っています。しかし、統一教会の勝《しょう》共《きょう》理論の講師は、マルクスのことをボロクソにこきおろすわけです。私は当時、心情的に耐えられませんでした。キリスト教から統一教会に入った人は、修練会で講師が『イエスが』と呼び捨てにするたびに、『ぐさっとくる』と言っていました。それと同じです。しかし、マルクスへの信頼を、組織の中では口にできなかった。これは、大したことはないなんて、言ってはいけないことです。統一教会は自らキリスト教の一派であると名乗っているわけですから、修練会の講師もせめて『イエス様』と呼んでほしかった。統一教会を、もっと外部に開かれた宗教にしていかなければならなかった。その意味で懺悔したいと思います」

文鮮明教祖が一九六七年に来日し、日本の大物右翼の笹川良一氏、児玉誉士夫《よしお》氏の代理人の白井為雄氏、畑時夫氏らと「本栖湖会議」を催した。日本側参加者は、文教祖が主唱する勝共運動の受け入れで一致した。翌年に旧統一教会系の政治団体、国際勝共連合が日本で結成された。国際勝共連合の初代会長には、日本の旧統一教会の初代会長だった久保木修己《おさみ》氏が就任した。また、同連合の発起人に笹川良一氏、岸信介氏らが名を連ねた。以後、国際勝共連合の活動を通して、旧統一教会は自民党を中心とした日本の政界との関係を深めてゆく。また、この年には日本各地の大学の原理研究会の代表らによる学生訪韓団が韓国の統一教会本部を訪問し、同本部が主唱する「勝共理論」を学んで帰国した。これを機に、各大学の原理研究会に「勝共思想」が急速に浸透し、政治運動が活発化していった。

――早大原理研も勝共運動に取り組んだ？

「私が早大原理研の委員長になる少し前に、韓国の教団本部から、いわゆる『勝共理論』の運動が日本に入ってきたんです。正式には『新しい共産主義批判と克服』という名前がついた運動でした。早大原理研のメンバーたちも、この理論を紹介する講師から研修を受けたのですが、私は講師の話にものすごく違和感を覚えました。というのは、なるほど、私は労働価値説は納得がいかなかったけれども、マルクスの資本論を学んだ者としては、資本論は社会科学の書というよりもバイブルでした。つまり、私にとっては、労働者を抑圧から解放するための福音書だったんです。カール・マルクスの熱い熱い労働者愛、人類愛に満ちた本なんです。

統一教会の信者になった後は、私はソ連や中国などの共産主義勢力と闘う意思を固め、左翼の理論を毛嫌いしてきました。けれども、マルクスは別です。暴力革命を実践したレーニンやスターリンとは違うんです。中国の毛沢東は『政権は銃口から生まれる』とはっきり書いているぐらいで、明らかな暴力革命主義者です。キューバのカストロやチェ・ゲバラもそうでしょう。彼らとマルクスは分ける必要があるんです。マルクスの理論、その理想主義は正しいと今でも思います。マルクスの理論では、人類の最初は原始共産制であり、封建主義、資本主義、そして帝国主義国家間の戦争、階級闘争などを経て、最後は理想的な共産主義の社会に到達する。これはエデンの園という楽園を追われた人類が黙示録の世界、様々な宗教的な段階を経て、地上天国を実現するという統一教会の歴史観と同じなんです。同じコインの裏と表なんです。こうした私の考えについては、最後まで教団の理解は得られませんでした」

――早稲田で勝共運動はどう進めたのか？

「当時の早稲田は革マル派とか民青同盟とか、左翼の巣窟みたいになっていましたが、それに対抗して右翼も活発に活動していました。このため、私たち早大原理研も、学内の様々な右翼グループと連携、協力関係を結びました。とりわけ生政連、正式名は『生長の家政治連合』というのですが、彼らには私たちが組織した早大サークル連合にも加入してもらい、良好な関係にありました。早稲田の生政連には、後に『一水会』という歴史に残る右翼団体を立ち上げた鈴木邦男さんがいました。私が在籍した教育学部には三島由紀夫氏とともに自決した『楯の会』会員の森田必勝《まさかつ》さんもいました。森田さんは大学の近くでいつも靴を磨いてもらっていて、その靴磨きのおっちゃんと私は仲が良かった。なので、森田さんの愛国の思いに満ちた言動などがある程度わかりました。彼は楯の会の派手な制服を着て、早稲田のキャンパスを歩いていましたが、よく似合っていた。楯の会は当時約二〇〇人のメンバーがいたのではないのかと思います。私たちは、三島、森田の二人に負けないように、勝共運動に取り組もう。そんな考えを持っていました。

あの頃、私たち学生も済州《チェジュ》島での雉撃《きじう》ちイベントに参加したことがあります。主役は文先生と笹川良一氏で、二人が親密に語り合う姿を見て、感激した覚えがあります。

もう一つ。私の父は一七歳で陸軍の少年飛行兵となり、東京の立川、栃木の宇都宮で飛行訓練を受け、満州（現在の中国東北地区）の基地に配属されました。さらに、南方戦線に転戦し、比島（フィリピン）で特攻隊に入り、出撃の機会を待ちましたが、飛行機が空襲などで全滅し、米軍の捕虜となりました。特攻隊に入ったのは一九歳の時でした。子どものころから何度も聞いた、そんな親父の話を思い出し、私も国のために命を捨てる覚悟をしました。三島氏と森田さんが陸上自衛隊の市ヶ谷駐屯地で、憲法改正のために自衛隊員たちに決起、つまりクーデターを呼びかけて自決した時には、『先を越されてしまった』と思ったものです。右翼の皆さんの『反共』は共産主義に反対するという意味ですが、私たちの『勝共』は共産主義に勝つという意味ですから、反共の右翼に負けるわけにはいかないと考えていました」

第4章

川口大三郎君事件

懺悔 その5

「早稲田大学文学部の二年生だった川口大三郎君の死について、早大原理研の仲間がイエス・キリストの十字架の死と重ねたのは、やりすぎだったかもしれません。しかし、川口君の死を追悼し、殺害側の過激派を糾弾するために断食闘争を展開したことは間違っていなかった。ただし、川口君のお母さんの『早稲田の学生さんのための安く泊まれる民宿をつくりたい』という夢を実現するために募金活動に取り組んだことまではよかったのですが、施設ができあがると、統一教会のセミナーハウスとして登録してしまったことは大問題でした。施設のために土地を提供してくださった早大総長の夫人を統一教会信者にするために強引に伝道したことも間違いでした。いずれも、目的のためには手段を選ばないという教団の独善性が表れた出来事だったと思います。改めて懺悔しなければなりません」

一九七二年一一月八日、早大文学部の自治会室で、同学部二年生の川口大三郎君が、過激派の革マル派の学生たちにリンチを受け、殺された。川口君は一年生の時、早大原理研の系列の早稲田学生新聞の記者をしていた。このため、大江益夫さんも生前の川口君をよく知っていた。

――川口君の事件に早大原理研はどう対処したのか？

「私は早大原理研の委員長だった時、早稲田学生新聞会の顧問でもあったので、一年生の川口君が学生新聞の記者だったころのことをよく覚えていました。川口君は早慶戦の観戦記など数本の記事を書いた。早大原理研のメンバーで、第一文学部の学生だったT君が川口君に対し、『君はもっと哲学を勉強しなくちゃダメだ』などと強い口調で指導しているのを、私は横で聞いていました。『ちょっと言い過ぎだな』と思っていた。その後、川口君は統一教会の四日間の泊まり込みの修練会にも出た。しかし、彼には合わなかったようで、途中で出てきた。つまり、川口君は統一教会の信者にはならなかった。おそらく、彼は新聞の方をやりたかったのだと思うが、サークルの宗教的な背景を嫌って、新聞会もやめた。川口君の何でもやりたいという性格などを見ていて、統一教会には向いていないかな、と思っていました。だから、無理に引き止めることもしていません。いったん、川口君との縁は切れていたのです。ところが、翌年の一一月に川口君は革マル派に殺されてしまった。当時、革マル派は早大原理研のメンバーに対しても度々暴力を振るっていたので、断固として闘おうということになりました」

事件当時、早大原理研の第十代委員長だった井口康雄さんは、川口君が殺されたことを宗教的な受難と捉えていた。早大原理研の草創期の活動記録『播植十年』に、こう書いている。

「祈祷を通じて、あるいは連日の断食と水行を通じ、肉体を激しく打つことにより、拳と鉄パイプで惨殺されていった彼の心情を慰めていった」

「原理研究会として、彼の死を、イエス様の十字架の死として証し……」

『播植十年』によると、早大原理研は事件の五日後から、幹部七人が「三日間断食」を始めた。それが終わると、早大原理研の全メンバーによる「四〇時間断食」を実施。その後も、一日三人ずつ交代してゆく「無期限リレー断食」を始め、約三年間にわたって続けたという。

――川口君の死を、全人類の罪を背負ったとされるイエス・キリストの十字架上の死に重ねるのは、常軌を逸していたのではないのか？

「その批判は甘んじて受けます。私も、やりすぎかな、と思いました。しかし、川口君は我々の身代わりで殺されたと主張した井口君は純情な人間で、私は彼の思いをしっかり受け止めようと思いました。断食には私も参加しました。川口君を追悼し、革マル派の蛮行に抗議する意味がありました。我々は革マル派の暴力に対して、非暴力の断食で闘うのだ。そう考えると、不思議な高揚感もありました」

――大江さんは仲間と一緒に一二月一八日から「一〇日間断食」を決行した。その理由は？

「事件の約一か月後、一二月初めに川口君のお母さんのサトさん宅を訪ねたんです。その時、サトさんは大学から受け取る六〇〇万円の見舞金を元手に、学生たちの憩いの場となる民宿をつくりたいという夢を語られました。私たちは、その夢の実現に協力しようと思い立ったのです。幸いなことに、私はサトさんと波長が合っていました。サトさんは『あなたは息子にそっくりだ』と言っていました。『私は、わからないことがあると何でも大ちゃん（川口君のこと＝筆者）に聞いていたけれど、あなたは息子のように感じるから、なんでも相談できる』とまで言ってくれました。私も、彼女が何を考えているのか、手に取るようにわかりました。川口君とは、彼が早稲田学生新聞の記者を辞めた時に縁が切れていましたが、お母さんとはしっかりつながった。それで、サトさんの夢を実現させるべく、『川口記念セミナーハウス』建設のための募金活動を全国で展開することを決めたのです。『一〇日間断食』は、その運動の成功を祈願するためのものだったので、私が参加しないわけにはいきませんでした。一〇日間、水だけで過ごすのですから、本当に苦しかった。でも、なんとか、やり遂げました」

募金活動を担った「川口記念セミナーハウス建設委員会」で、大江さんは事務局長を務めた。全国の各大学の原理研究会や系列の学生新聞などにも協力を求め、約四〇〇〇万円を集めた。しかし、それでも建設費の半分ほどにしかならなかった。土地もなかった。大江さんたちは早稲田大学の村井資長《すけなが》総長を訪ね、趣旨を説明し、支援を求めた。村井総長は、建設用地の提供を約束した。最初は神奈川県内の大磯の土地を示されたが、市街化調整区域だったので、静岡県の伊豆山中の土地になった。建設費の不足分は旧統一教会が負担することになり、建設工事が始まった。建物は一九七五年に完成し、施設を登記する段階になってトラブルが起きた。川口記念セミナーハウス建設委員会という任意団体のままでは、登記にあたり高い税金をとられる。そこで財団法人の所有にした方がいいということになったが、セミナーハウスには基本財産としての現金がないので、財団法人の資格取得は難しかった。村井総長は、自身も関係する早稲田奉仕園というキリスト教系の財団法人の所有・運営ということでどうか、と提案してきた。しかし、募金活動に協力した全国大学連合原理研究会、つまり各大学の原理研の全国組織が強く反対した。足りない資金も統一教会が負担しているのに、既成のキリスト教団体の施設になってしまうのは認められないという主張だった。すったもんだの末、結局は金を出した者の強みで、施設は「統一教会のセミナーハウス」として登記されてしまった。

——大江さんは、どう受け止めたのか？

「当時も今も、私は納得していません。統一教会の所有になってしまうと、川口君のお母さんの思いを利用して、教団が施設を乗っ取った。世間的には、そういうことになってしまいます。サトさんは、早稲田の学生たちに憩いの場を提供できる、安い料金で泊まれる民宿をつくりたいと私に夢を語っていました。統一教会のセミナーハウスに、早稲田の一般の学生が泊まりに来るわけがありません。思いを踏みにじるようなことをしてしまい、私はサトさんに合わせる顔がありませんでした。もちろん、私は反対しました。けれども、上部団体の意向に逆らうことはできませんでした。いまさらのことになりますが、村井総長のご提案通り、早稲田奉仕園の施設として登記し、運営する案がベストだったと思っています。善意で始めたことが、途中から暴走し、社会の批判を浴びてしまう統一教会や原理研究会が繰り返す過ち。その一つが、この時にも起きた。私は、そう考えざるを得ません。これは、もう懺悔するしかありません」

――川口記念セミナーハウスの完成後の身の処し方は？

「私はセミナーハウスが完成した後、建設委員会の事務局長の職を後輩の井口君に譲り、教会組織を離れることにしました。サトさんの思いに応えるべきだという主張が通らなかったのも、事務局長を退いた理由の一つです。でも、それだけではありません。ほかにも、私には納得できないことがありました。募金活動を主導した全国大学連合原理研究会の幹部らが、村井総長の夫人を統一教会の信者にするために、強引に説得しようとしたことです。夫人は当時、いろいろ悩みを抱えておられました。その情報をもとに、つまり彼女の弱みに付け込み、と言った方がいいでしょう。大学原理研の幹部らは連日のように夫人に会い、修練会にも連れ出した。しかし、敬虔なクリスチャンだった夫人は、統一教会には入信しませんでした。そもそも、土地の提供をお願いした相手を強引に信者にしてしまおうと考えること自体に無理がありました。どんな場合でも、強引な伝道は許されません。もし、伝道するなら、夫人ではなく、村井総長に私たちの立場をきちんと説明し、正面から正々堂々と伝道を試みるべきだったと思います。村井総長は統一教会について『最初はキリスト教のグループの一つだと思っていたら、違っていた。騙された感じだった』と関係者に語っています。そうした誤解をまずなくすところから始めるべきだった。村井総長は統一教会に対する強硬な反対派になりました。これも懺悔しなければなりません」

川口記念セミナーハウスの登記問題をめぐるトラブルなどをきっかけに、村井総長夫妻やサトさんと旧統一教会・原理研側の主張が対立する中で、原理研側は「御願い書」と題した文書を示した。総長夫人やサトさんが施設を統一教会に献納する意向を示した文面で、「この『御願い書』により、セミナーハウスは統一教会に献納されており、協議すべき問題は残っていない」と主張した。

総長夫妻は「そんな文書は知らない」と反論したが、サトさんがセミナーハウスから手を引くと話したため、やむなく、「土地を統一教会に低額で売却し、運営から手を引く」という和解契約に応じた。

三年後の一九七八年夏、総長夫妻が一連の経緯について雑誌「週刊ポスト」の取材に応じた。その後、「『募金運動で建設した川口記念セミナーハウスがいつの間にか統一教会の修練場になっていた』という怪事件の問題をえぐる」という長いタイトルの記事が出た。「御願い書」についても「私文書偽造の容疑濃厚」として、全文が紹介されていた。

旧統一教会側は激怒し、総長夫妻と週刊ポストを出版していた小学館を相手取り、名誉毀損による損害賠償請求訴訟を起こした。東京地裁の一審判決は、争点となった「御願い書」について、筆跡鑑定の結果も踏まえて、偽造されたものだと認定した。サトさんも「印鑑を押した覚えがない」と証言し、旧統一教会側は全面敗訴した。

大江さんは、問題の当事者の一人として訴訟に関わらざるを得なかった。全面敗訴となった東京地裁の一審判決の後、旧統一教会側は、御願い書の村井資長氏の署名について夫人が代筆した可能性があるとして、東京高裁に控訴した。約十年間に及んだ係争の末、双方が反省点を認めた「職権和解」が成立した。

――この裁判の顛末をどう見るか？

「痛み分けとなった裁判の結果はともかく、そもそもの原因をつくったのは、川口記念セミナーハウスを統一教会の施設にしてしまったことと、強引に行った村井夫人への伝道でした。こちら側に問題があったのは明らかです。御願い書の捏造《ねつぞう》については、少なくとも私は当事者ではありません。仲間が偽造したかどうかについて意見を述べるのは控えます。いろいろあって、私はセミナーハウス建設委員会の事務局長を辞任し、とりあえず統一教会の組織から離れたのです」

第5章

霊感商法

懺悔 その6

「霊感商法こそ、統一教会の進むべき道を誤らせた諸悪の根源だったと私は思います。若き文先生の号令のもと、日本の教団が組織をあげて経済活動に走った。そして、韓国の教団本部へ巨額の送金を続けた。最初は高麗人参の粉末、次に濃縮エキスの販売に取り組みました。壺、多宝塔、印鑑などの販売が始まると、それらに霊力があることにして、法外な値段で売る、いわゆる霊感商法が考案されました。霊能者の役、その介添え役を信者が演じ、お年寄りや弱い者を騙す。『壺を買わないと先祖が救われない』と恐怖心を煽り、販売するわけです。世間の批判で霊感商法をやめた後も、『献金しなければ先祖が救われない』と脅すようにして金を集める手法に受け継がれました。人々を幸せにするはずの宗教が、人々を不幸にしてしまった。これはもう、やりすぎであり、懺悔せざるを得ません」

旧統一教会の経済活動が大きく変質したのは一九七五年だったといわれている。大江益夫さんをはじめ、旧統一教会の関係者、元信者たちの見方は、それで一致している。この年、それまでの伝道活動の費用を稼ぎ出すための経済活動から、利益を生み出し、韓国に送金するための経済活動に変わったのである。きっかけになったのは、文鮮明教祖の発案で始まった高麗人参製品の輸入だった。文教祖の意を受け、日本の教団が「経済一本化方針」を打ち出し、それまで各地方の教会に所属していた信者たちを「世界のしあわせ株式会社」などの社員やスタッフに編入した。この会社が高麗人参製品のほか、化粧品、医薬品、水産物などの韓国からの輸入品を教団関連の販社や特約店網を通じて販売し始めた。

元信者の記憶では、一九七五年の秋、来日した文教祖が埼玉の狭山湖畔での集会で、約一〇〇〇人の信者たちを前に、高麗人参の効能について語り始めた。信者たちは、高麗人参のことが話題になる意味がわからず、途中からゲラゲラ笑い出した。その直後、文教祖が「日本統一教会よ。経済活動に関心を持て！」と大声で一喝したという。大江益夫さんもこの集会に参加していて「文先生が叱責された場面は覚えていません。ですが、文先生が『君たちはやるのか、やらないのか』と大声で聞き、全員が『やりまーす』と声を揃えて答えた場面については、はっきり覚えています」と話した。

別の元信者が、こう説明した。

「日本の信者たちは、それまで伝道活動にすべてをかけていた。ところが突然、文教祖から『これからは経済活動だ』と言われ、面食らってしまったんです」

だが、文教祖の叱責を機に、旧統一教会は組織をあげて「経済活動」に突き進んでいく。その前後、旅行事業の世一観光、日刊紙を発行する世界日報社をはじめ、自動車販売、建設、不動産、パソコンなどの分野で計三〇社近い企業が相次いで設立された。当時、教団の中枢にいた元信者は「信者の九〇パーセント近くが何らかの会社に配属されました。各企業に配属されても、社員寮で集団生活を続け、朝夕の礼拝は欠かさなかった」と振り返った。

その中で、中核企業である「世界のしあわせ」社が一九七八年に「株式会社ハッピーワールド」に社名変更し、韓国から輸入した壺や大理石製品などの販売に力を入れ始めた。先祖の祟りなどの「因縁トーク」で不安を煽《あお》る「霊感商法」を組織的に展開した。壺や多宝塔、印鑑などを原価の数百倍という法外な値段で売り、莫大な利益を上げた。後述する元世界日報編集局長の副島《そえじま》嘉和《よしかず》氏が月刊誌に投稿した手記によると、（一九七五年の）送金命令以来、手記が書かれた一九八四年までに、計約二〇〇〇億円が韓国の本部に送金されたという。他の企業群もそれぞれ利益を追求したが、うまくいかず、ハッピーワールド社の教団内での比重は高まる一方だった。一九八八〜八九年ごろのことだが、私は朝日新聞の同僚記者と二人で大阪府吹田市にあったハッピーワールド社を取材で訪ねたことがある。その時、「朝日新聞が来た」という声とともに、数十人の信者たちに取り囲まれ、「帰れ！　帰れ！」という罵声を浴び続けた。全員が引きつったような表情で、私たちをにらみつけていた。洗脳された人間の集団に対する恐怖を味わったことを告白しておく。

――大江さんは霊感商法について、どう考えていたか？

「大懺悔です。反省すべきところだらけの事業だったと認めざるを得ません。私が統一教会に入信したころ、そして早稲田大学で原理研にいたころは霊感商法なんてなかったんです。そもそも信者たちは信仰のために教団に入ったのですから、経済活動は苦手です。早大原理研に入った当時は、経済活動といえば廃品回収でした。午後から大学のキャンパスや街頭で伝道するのですが、午前中などに〝万物復帰〟と声を掛け合って、廃品回収をするんです。各家を回り、たとえ新聞紙一枚でもありがたくいただきました。定期的に取り組んだ開拓伝道の際も、信者が一人もいない〝開拓地〟で一間だけの部屋を借り、そこを拠点にして新たな信者を獲得するために懸命に動きました。清貧な暮らしの中で、真摯《しんし》な活動を続けていた私たちに、巨額の利益目標が課せられることになったのです」

――最初は高麗人参茶の販売だった。

「そうです。高麗人参の粉末でした。一回分ずつアルミでコーティングされた包みに入っていて、数十包みが入った一セットの袋を七〇〇〇円から八〇〇〇円ほどで売りました。これでも高かった。だから、なかなか売れません。ですが、健康にいいのは間違いないので、私たちは懸命に売りました。私は、買ってくれたおばあちゃんに、飲む前に深呼吸を三回するように頼んでいました。高価だけど、大切な高麗人参茶。だから、大事に飲んでほしい。そんな願いを込めたのです。信者たちは、そうした工夫や努力を積み重ねて、少しずつ販売数を伸ばしていきました。ところが、途中から、一九八〇年ごろだったと思うのですが、高麗人参の値段が一セット八万円になったんです。値段が上がったのは、粉末から濃縮エキスになったからだという説明でした。効能も飛躍的によくなったということでしたが、一体、誰が高麗人参エキスに八万円も出すのか。売れるわけがありません。で、どうすればいいのか。このあたりから、単に健康にいいだけでなく、霊的な力もある、といったような、つまり、少しずつ、おかしくなっていったのです。いろいろ思い悩んだ末に、突拍子もない、おかしなことを始める。その挙句が霊感商法に行き着いてしまったのだと思います」

――霊感商法のどこが一番問題だったと思うか？

「人を脅して諭す商法だったということです。客観的に見れば、〝騙す〟という要素も含まれていたと思います。その極みだったのが壺の販売でした。大理石製の、シンプルな壺。これを一個一〇〇万円、あるいは二〇〇〇万円、三〇〇〇万円で売るというわけです。我が家の祭壇の前にも、大理石の弥勒《みろく》像を置いています。いくらなんでもムチャです。普通のやり方では売れません。で、とんでもない販売方法が考案された。高く売るために、壺に霊力があるということにする。それを相手に信じ込ませるために、霊能者役と介添え役を訓練し、売る相手の家族の不幸を聞き出し、先祖の祟《たた》りを鎮めるには、この壺が必要です、と言って売るわけです。私は、宗教を信じる人間ですから、この世界のどこかに、霊力を秘めた壺が存在するかもしれないとは思います。強い霊力、霊感がある人間もいるかもしれない。ですが、販売を担当した信者たちには、そんな霊力はなかった。それは断言できます。霊能者役をしたのは、霊能者のふりをしただけで、霊力のある人間ではなかった。マニュアルに沿って相手を精神的に追い詰め、騙しただけです。目的のためには手段を選ばない。それが大問題でした」

――私（樋田）は、壺を売るために霊能者役をしていた元信者から取材したことがある。霊能者役は必ず介添え役と組む。介添え役があらかじめ相手の資産状態、悩み、先祖の不幸などを聞き出し、事前に霊能者役に伝える。そして、「この方は、霊界のことがわかる偉い先生です」と霊能者役を紹介する。相手の心理状態を冷静に読み、「五代前のご先祖に殺人者がいる」「先祖の怨念を解くには、壺の霊力が必要だ」と説いていく。部屋を暗くし、催眠術をかけるようにして、壺を売ってきた。そんな場面を再現してもらったことがある。

「本当に、ひどい話です。懺悔するしかありません。実は当時、統一教会の顧問や訴訟代理人などをお願いしていた弁護士の先生たちが『壺の値段が一個一〇〇万円を超えたら、事件になる。公序良俗に反する行為になる。だから、絶対にダメだ。裁判になったら、こちらが負ける』と厳しく指摘していたんです。壺を販売していたのはハッピーワールド社ですが、私は複数のルートで弁護士さんたちの動きをつかみ、非公式の実務者会議で報告しているので間違いありません。しかし、霊能者役の巧みなトークに騙された人たちは、どんなに高くても、霊力があるとされた壺を買ってしまう。だから、弁護士の先生の警告を無視して、利益追求に走ってしまった。ダメだと言われても、あえてやってしまう。目的のためには手段を選ばない。世間から叩かれて当然でした。この弁護士の先生は『これ以上、責任は持てない』という趣旨のことを言って、顧問を辞めてしまったと聞いています」

――ひょっとして、その後、自民党の大物議員になったKさん？

「そうです。K先生です。K先生には大変お世話になったのに、せっかくのご忠告を無視する結果になりました。K先生とは、議員になられた後もしばらくの間、お付き合いをさせていただきました」

K氏は議員を引退している。K氏に「旧統一教会の顧問弁護士だった時、法外な値で壺を売る霊感商法について『絶対ダメだ』と指摘されたと聞いている。当時の話を聞きたい」という手紙をファックスで送った。秘書から「手紙を本人に見せました。『ご協力はできない』とのことでした」と返事があった。

――霊感商法では、印鑑とか、大理石などで作られた多宝塔も販売していた。

「壺に比べれば、印鑑はまだ売りやすかったですね。印鑑の不思議な力、霊的な力については昔から日本でも言われていて、いわゆる開運商法の一つとして認知されていました。そうした伝統があったのです。私たちのような宗教団体だけでなく、豪華な開運印鑑を販売する業者は珍しくありませんでした。ですから、世間の批判に対して反論しやすかった。大理石などで作られた多宝塔も五〇〇万円から一五〇〇万円で売られていました。金額的には、壺よりもはるかに高価でした。しかし、多宝塔は韓国の古都、慶州《キョンジュ》の仏国寺にある、国宝の多宝塔をモデルにした、手の込んだ芸術作品でした。芸術作品であれば、原価はあってないようなものです。何千万円、何億円もの値がつく絵画や彫刻作品に、原価はいくらなんだと文句を言う人はいません。もちろん、この多宝塔には霊力があると偽って売るのは大問題でした。深刻な被害があったことを認めた上での話ですが、芸術性を考慮すれば公序良俗に反するとまでは言えない、という言い訳が成り立ちました。このため、当時の我々としては、問題が少ないと思えた。ですが、壺の販売についてはどうにも言い訳が立たなかったんです。もちろん、今となっては、印鑑や多宝塔についても、世間に通用しない内輪の理屈であったとの認識は持っています」

――霊感商法を推進したのは、ハッピーワールド社と考えていいのか？

「その通りです。壺、多宝塔、印鑑などの販売を一元的に取り仕切っていました。社長は古田元男氏でした。統一教会と、その関連組織の中で、金集めという点で、ハッピーワールド社が圧倒的に貢献していました。だから、古田氏は韓国の教団本部からの覚えもめでたかった。このため、古田氏自身が、日本の統一教会の会長になったつもりでいました。実際には久保木修己会長がいたのですが、古田氏は『久保木会長には私の意見に従ってもらう』と公言していたのです。しかし、考えてもみてください。信者たちはハッピーワールド社に献身するために入信したのではありません。それが、信者になると、ハッピーワールド社の下で社員寮で集団生活し、経済活動に邁進することになってしまう。三日間修練会、四日間修練会、七日間修練会、そして二一日間修練会を経て、やっと信者になると、今度は過酷な経済活動の研修と実践が待っている。これでは、真面目な信者たちは浮かばれません。
　霊感商法で高い壷を買わされた被害者も多いのですが、そのことは承知の上で、この霊感商法に従事させられた信者たちも、別の意味で被害者なのです。旧統一教会の信者は一時、六〇万人と言われていました。修練会などで勉強し、自分を捨て、文先生のためにすべてをなげうって活動しようと誓いを立てた。その挙句に経済活動の最前線に立たされ、霊感商法などに従事させられるのです。とことん洗脳され、精神的にも肉体的にも消耗戦を強いられるのです。これでは、信者として生き残るのは難しくなります。現在の信者数は、八万人程度と私はみています。離れていった人たちの中には、信仰の夢破れ、生きるすべなく経済的に困窮している人も多いと聞いています。実に悲惨な状況なんです」

――一九九六年に世界日報社が出した『「霊感商法」の真相』という本は？

「教団とハッピーワールド社は別組織であり、教団は壷の販売などに関わっていないと主張する本です。この本は、読みようによっては、世界日報の記者がハッピーワールド社の責任を追及する部分も多少は含まれている。そんな見方をする人もいます。しかし、私の見方をいえば、追及は甘く、中途半端な本です。ハッピーワールド社は教団を犠牲にしても会社を守るという考え方でした。霊感商法でハッピーワールド社は莫大な利益を上げたが、その陰で、信者たちが良心の呵責に苛まれた。そして、多数の被害者を出した。当時、各都道府県の単位で置かれた教会長の立場は弱く、ハッピーワールド社の役員の指示に従わざるを得ませんでした。その結果、教団の本流であるはずの信者組織がガタガタになってしまった。ハッピーワールド社の全盛期に、私たちは異を唱えることが十分にはできなかった。反省ばかりです」

懺悔 その7

「一九八四年六月に起きた元世界日報編集局長の襲撃事件。被害者は統一教会の元広報企画部長でもあった副島嘉和さんですが、当時の幹部たちにとって、この副島襲撃事件は、触れてはならないタブーでした。しかし、事件から四〇年を経て、私としては触れないわけにはいきません。前後の状況を考えれば、副島さんが襲われてもおかしくなかったと考えざるを得ないのです。その意味で、懺悔の対象です」

旧統一教会系の日刊紙として知られていた世界日報社は一九七五年に設立された。当初の発行部数は約七〇〇〇部で大幅な赤字が続いていた。旧統一教会の幹部だった副島嘉和氏が一九八〇年に世界日報社に入社し、編集局長となった。彼は、教団の宣伝紙のままでは部数は伸びないとして、一般紙に脱皮させる方針を打ち出した。特定の宗派や政治団体に偏しない紙面作りを目指した。時には、教団への批判めいた記事も出るようになり、特ダネ記事が続いたこともあって、部数は約五倍の三万五〇〇〇部まで増えた。副島氏は臨時株主総会を開催して代表取締役社長に就任した。

しかし、教団側は世界日報を「自由な言論機関に育てる」という副島氏の方針を認めなかった。一九八三年秋、国際勝共連合の理事長だった梶《かじ》栗《くり》玄《げん》太《た》郎《ろう》氏が率いる数十人の信者らが世界日報社に押しかけ、副島社長兼編集局長をはじめ幹部や記者たちを社外へ追い出した。その後、教団側は副島氏を解任。新たに社長に就任したのは梶栗玄太郎氏で、「編集方針を元に戻す」と宣言した。翌年、解任された副島氏は他の幹部と連名で、旧統一教会の霊感商法の問題点や独特の宗教儀式を暴露し、批判する手記を月刊文藝春秋に寄稿した。その手記が掲載された文藝春秋七月号が六月一〇日ごろに全国の書店に並んだが、その約一週間前の六月二日、副島氏は自宅前の路上で刃物を持った男に襲われ、瀕死の重傷を負う事件が起きた。

副島氏は病院に運ばれた後、意識を失った。背中から左胸部に達した刺し傷は深さ一五センチで、心臓をわずか二センチ外れていた。肺が切り裂かれて血が溜まり、一時は重体に陥ったが、三度の緊急手術を経て、二日後に意識が戻った。

奇跡的に回復した副島氏は、かつての仲間たちとともに『インフォメーション』という情報誌を立ち上げ、旧統一教会と国際勝共連合を糾弾する論陣を張り続けた。副島氏は「犯人は（旧統一教会が信者に教えていた韓国空手の）正《チョン》道《ド》術《スル》の使い手だったと思う」と警視庁の事情聴取で話し、捜査の動きを見守った。しかし、捜査は難航した。副島氏の傷の深さと襲撃の状況から、犯人の殺意は明らかだとみられるが、警視庁は殺人未遂事件ではなく、傷害事件として捜査した。このため、七年後の一九九一年に公訴時効になった。警察の捜査は甘すぎたと考えざるを得ない。

――大江さんも世界日報占拠事件の当事者だったのか？

「そうです。ただし、世界日報の役員室になだれ込んだグループには入っていません。私はビルに入れず、ビルの周囲にできた人だかりの交通整理をしていました。役員室に飛び込んだ数人が大暴れし、双方にけが人が出ました」

――副島氏が自宅前で刃物を持った男に襲われ、重傷を負った。この事件に旧統一教会は関係しているのか？

「それはわかりません。答えにくい問題です。当時、私たちが一番頭にきていたのは、副島さんたちの内部告発の姿勢でした。文藝春秋に掲載された手記に、日本の天皇に扮した幹部信者が文先生に拝跪《はいき》する儀式の存在を暴露し、右翼を刺激するような筆致で説明していました。政治的問題と宗教行為をわざと混同して、扇情的に取り扱い、右翼、民族主義者、そして多くの日本人の反韓意識を煽ろうとしたのです。統一教会としては、天皇もアメリカの大統領も、統一教会の信者に伝道できれば、それは素晴らしいことだという意味の単なる宗教儀式でした。現実の政治の世界では、文先生も日本の天皇を尊重し、天皇家の宗教も大切だと考えていたのです。儀式は儀式でしかなかった。ですから、私たちは、この卑怯なやり方に憤りました。あなただって信者だったのではないか。こちらの事情はわかっていたはずだ。なぜ、そこまでやるのか。少なくとも、私はそう憤っていました。霊感商法を告発するくだりについては、よく調べているなと思いました」

――副島氏が文藝春秋に投稿した手記の内容を、教団側は事前に知っていたということにならないのか？

「そのあたりの記憶は定かではありません。副島さんが襲われた事件と、文藝春秋の手記は因果関係があると思わざるを得ません。そうすると、少なくとも、副島さんを襲った人間は、その内容を事前に入手していたということになります。そうでなければ、雑誌が書店に並ぶ前に副島さんを襲う理由が見つけられないからです。副島さんたちが、同じ内容の手記を他の媒体に投稿していたという話は聞いていないし、そんなことはありえない。やはり、この手記が世に出ることを阻止しようと考えて事件を起こしたのだと思います」

――マスコミでの仕事の経験からは、雑誌のゲラが印刷の前後の時点で外に出ることはありえると思う。副島氏を襲った犯人は、副島氏の手記をどんなルートで入手したと思うか？

「私は知りません。しかし、当時の教団に危険な兆候があったことは認めなければなりません。副島さんは世界日報社から追放され、社長を解任された後も、統一教会と闘う姿勢を崩さなかった。その副島さんに対して、『あいつにはサタンが入った』という言い方をする信者たちがいたのです。はっきり言えば、私の周辺の多くの人間がそう思っていたし、そう話してもいました。統一教会では、『サタンが入った』という言葉は、とんでもなく恐ろしい意味を持っています。サタンに支配されてしまった人間は、統一教会の明確な敵であり、文先生に危害を及ぼしかねない。そう考えてしまうのです。そうなると、文先生を守るためにも、サタンに支配された人間を排除しなければならない、という発想が生まれてしまう。私は暴発が起きることを心配していました。事件後、当時の幹部たちは教団の事件への関与を否定していましたね。『副島は闇の世界と付き合いがあった。闇の世界のプロの刺客に襲われたようだ』という説をしきりと流していたようです。あの時点で、もし関与を認めれば、教団は存続の危機に立たされると考えて対処していました。あえて言いますが、副島氏襲撃事件に信者が関与していた可能性はないとは言えません」

第6章

幻のクーデター計画

懺悔 その8

「国際勝共連合には、表向きの勝共運動とは別に、隠れた任務がありました。その隠れた任務を担っていたのは、私が仮に〝武闘派〟と呼んでいる人たちでした。彼らは銃を使った射撃・武闘訓練などに励む一方で、ソ連、中国、北朝鮮などの政府の関連機関に身分を隠して潜り込み、情報収集活動にも従事しました。こうしたグループを統括していたのは勝共連合の事務総長だった宮下昭彦さんでした。私も国際勝共連合の渉外局長だった当時、自衛隊の幹部たちと接触し、緊急事態の場合には、国民の権利などを制限する有事法制の研究を促しました。ソ連などの侵略が始まった時に備え、強力な政府を樹立するためのクーデター計画の準備にも関わりました。三島由紀夫氏の『楯の会』と同様に、非合法的な危険な取り組みを続けてきたことは、やはり懺悔に値します」

大江益夫さんは一九七五年二月に教団主催の合同結婚式に参加し、伴侶を得た。この年、川口記念セミナーハウスの建設委員会事務局から離れると、信者組織からも離れ、アルバイトなどで自活しながら、図書館などに通って研究・執筆活動に専念する生活に入った。この生活は約三年間続いた。研究の分野はロシア革命史、中国の革命史、日本の軍閥の歴史、さらにスパイ防止法、日本国憲法の問題など、統一教会の政治部門とされる国際勝共連合の当時の課題に直結するテーマだった。この時期、表には出なかったが、国際勝共連合の事務総長を務めていた宮下昭彦さんと連絡を取り合い、彼の助言を受けて研究テーマなどを決めていた。大江さんの盟友で、早大原理研の委員長経験者の河西徹夫さんも国際勝共連合に入り、本や論文のまとめ役を引き受けた。大江さんが元民青だったのに対し、河西さんは元革マル派。大江さんによると、河西さんはより過激な人物で、大江さんに対して「民青は軽いもんだ」と冗談めかして批判することも度々あった。同じ早稲田出身の〝元左翼コンビ〟が国際勝共連合で大きな役割を果たした。

二〇二四年二月、京都府福知山市夜久野町の大江さん宅で、自身の研究成果である論文や本を見せてもらった。

国際勝共連合情宣局から出版された『世界共産革命史』では、大江さんがロシア革命史と中国革命史の項を担当した。全体をまとめたのは、河西さんだという。大江さんは、河西さんについて「ものすごい理論家です」と高く評価している。元自衛官の執筆で、大江さんたちが側面協力した『複合侵略』（世界日報社）という本もある。各国のスパイ組織と、その活動内容についての研究書だった。さらに、『日本共産党「政権参加」近し！』というタイトルの共産党への敵意に満ちた本もあった。『昭和軍閥の興亡』というタイトルの論文は全編を大江さんが書いた。戦前の日本で二・二六事件や五・一五事件が起きた経緯などを詳細に追っている。

――これらの本や論文は、どんな経緯で書くことになったのか？

「川口記念セミナーハウス建設委員会の事務局長をやめたのは私の意思ですが、研究・執筆活動をすることになったのは、国際勝共連合の事務総長だった宮下昭彦さんの指示によるものです。地下に潜るというほどではなかったのですが、信者組織を離れたので、酒もタバコも解禁にしました。かつての信者仲間から見ると『大江は堕落した。落ちた（信者をやめた）みたいだ』と噂されました。でも、そんなことは気にせず、宮下さんを兄貴分と考え、盟友の河西さんとも常に連絡を取り合いながら、こそこそと動いていたわけです。図書館に通いながら、私は将来に備えて行政書士や宅建取引士の資格も取りました。

　私は早大原理研時代に、全国勝共研究会という大学の枠を超えた学生サークルをつくり、私たちの敵であった共産主義の致命的な欠陥などについて研究していました。国際勝共連合とは無関係のサークルだったんですが、『これが共産主義の間違いだ』などのタイトルの資料を作り、全国の各大学の学園祭などのイベントに合わせて巡回し、わかりやすくパネル展示し、即席の講演会なども開催していました。これが評判を呼び、国際勝共連合の宮下事務総長のアンテナに引っかかり、声をかけられたのだと思います」

――宮下事務総長はどんな意向だったのか？

「当時は、左翼の世界では内ゲバや爆弾闘争などが激化していた時代で、これらに対応して、我々も共産主義勢力と戦う態勢をつくらねばならんというわけでした。その延長で、勝共研究会の活動実績のある私に、さらに理論武装するための研究をさせようとしたのだと思います」

信者組織から離れた大江さんたちが執筆した『世界共産革命史』には、不思議なほど宗教の匂いがない。大江さんは、この本の主要部分といえるロシア革命史と中国革命史の執筆を担当した。革命の理念をもたらしたマルクスについては、「ヘーゲル左派に属し、『自由』こそ人間の本質であると考えていた」「マルクスは、資本主義社会において疎外された人々が人間性を回復する道は私有財産の廃止であると考えた」などと、その思想を正当に評価する一方で、「（革命後の）ソ連では人間性が蹂躙《じゅうりん》され、（中略）労働者たちが（資本主義社会よりも）もっと多く搾取されている」と批判している。その上で、「暴力革命に不可欠な共産主義軍事理論にメスを入れる」として、各地域の革命史をめぐる論考へと進んでゆく。

ロシア革命史の記述では、「ロシア革命の戦略家がレーニンであるとするならば、戦術家はトロツキーである」として、トロツキーの役割を評価。一八九八年のロシア社会民主労働党（共産党の前身）の結成から、一九〇五年のモスクワ武装蜂起、一九一七年の二月革命を経て十月革命に至るまでの経緯を淡々と記述している。とりわけ十月革命を成功に導いたとしてトロツキーの役割を詳述し、革命前後の党、軍、労組、民衆の動きを、文字と地図を駆使して、わかりやすく書いている。誤解を恐れず言えば、トロツキーを評価する新左翼の革命組織の教材にもなりそうな内容で、クーデターを起こす際の教科書の役割を果たす内容になっている。中国革命史についても、同様である。

――『世界共産革命史』には「日本への教訓」との副題がつき、共産主義の脅威を強調しているが……。

「それは、あくまで表向きの体裁です。敵を欺《あざむ》き、味方も欺くための体裁です。読んでいただければわかるのですが、私が担当したロシア革命史でも中国革命史でも、共産主義の主張の紹介や批判はほとんどありません。革命を成功させるための戦略や戦術、もっと具体的に言えば軍隊や実力部隊の動かし方を冷静に、正確に書いています。表向きは共産革命はダメだ、日本にとって脅威だと説きながら、実はロシア革命を見習えという内容。読んでいるうちに、自然に頭に叩き込まれる、という内容になっています。クーデターや革命には何が必要なのかを自然に理解し、身につけられるようにしたのです」

――『昭和軍閥の興亡』についてはどうなのか？

「基本的には同じ視点で、事実関係を淡々と書いています。しかし、なぜ失敗したのか、その原因がわかるようにも書いています。戦前の日本の軍部のクーデター計画は、ある程度はうまくいった二・二六事件を含めて、驚くほど甘かったと思います。天皇の親政を実現するため、君側《くんそく》の奸《かん》を殺害する。その後は、天皇への忠誠を貫けば、自分たちの思いをわかってくれる軍上層部がなんとかしてくれる。そんな他力本願で、戦略も戦術も何もない。彼らは政治というものをわかっていなかった。同様に政治家たち、とりわけ近衛文麿《このえふみまろ》のような公家上がりの政治家は軍事のことを何もわかっていなかった。だから、クーデターは失敗し、無責任体制のまま何かに引きずられるように戦争になだれ込んでいったのです。革命へ向けた戦略、戦術をしっかり用意していたのは、やっぱりロシア革命を成功させたレーニン、スターリン、トロツキーといったロシアの共産主義者たちです。とりわけトロツキーは雄弁で人々を惹《ひ》きつけ、ロシア皇帝の軍隊に働きかけて共産党側に立つ赤軍に再編成するなど、指揮官として傑出していました。トロツキーが「（民衆の）蜂起は芸術だ」と唱えていたことは承知していますが、それも周到な準備を重ねた上でのことです。後に、彼はスターリンの妬みを買い、スターリンが送り込んだ秘密警察によって亡命先で暗殺されてしまいました。それはともかく、私たちはソ連や中国、北朝鮮などからの侵略に備え、いざという時に反共の臨時政権を樹立することを真剣に考えていた。そのためには、ロシアの共産主義者たちの冷徹な戦略、戦術から学ばなければならない。そう考えていたのです。私は元々は民青でしたし、本をまとめた河西さんは元革マル派。共産主義者から何を学ぶべきかについては、よくわかっていました」

——本や論文は、国際勝共連合という組織の中でどんな読まれ方をしたのか？

「もちろん、しっかり読まれました。なにしろ、国際勝共連合の宮下事務総長の強い推奨がありました。『世界共産革命史』と『複合侵略』は市販されていました。私が単独で書いた『昭和軍閥の興亡』は市販されませんでしたが、数百部がコピーされ、製本されました。いずれも、全国のすべての都道府県ごとにある国際勝共連合の支部組織の勝共研修会の教材となりました。各支部の責任者である事務局長は必ず読んでいますし、その下のスタッフたちの多くも読んでいます。まあ、体質的に合わない人たちはいたでしょうけれど、イヤイヤでも読んではいた。ですから、知らず知らずのうちに、自分たちが何をすべきか、頭の中にインプットされていったと思います。私たちは、いざ外国勢力の侵略が始まったら、日本を守るために臨時政府をつくることが必要だと考え、そのためのクーデター計画も含めての対処方法、特に有事法制と自衛隊後方の民間防衛体制についても研究していたのです。今から考えれば、現実味のないものだったかもしれませんが、当時は真剣でした。少なくとも、日本を共産主義革命から守ろうとした我々の思いは純粋なものでした」

――今も、『世界共産革命史』などの本は組織の教材になっているのか？

「今も市販されていますが、教材になっているかどうかはわかりません。読まれていたとしても、私たちの意図した趣旨は伝わらないだろうと思います。でも、それでいい。読んでいるうちに、クーデターのやり方、軍隊の動かし方が身につく。そこに狙いを定めて書いた本なのですから」

――旧統一教会系の銃砲店はいつごろからあったのか？

「私が早大原理研で活動していた時には、すでにありました。教団外の事業団の経営でした。韓国の教団本部が『鋭和散弾銃』という会社を傘下に抱えていて、そこで製造していた『鋭和３Ｂ』などの強力な空気銃を日本に輸出してきました。そうした空気銃を販売するために日本全国に二〇店舗余りの銃砲店を展開していたのです。これらの店では、射撃練習場を備え、火薬銃も取り扱っていました。東京・渋谷の統一教会の本部の地下に、こうした銃を多数保管しているらしいという噂が、新左翼などからの襲撃に対する抑止力となったと聞いていました。早大原理研は川口大三郎君の殺害事件を機に非暴力の旗を掲げて闘いましたが、事業団が展開する銃砲店の存在については、頼もしいものを感じていました」

大江さんは一九七九年、約三年間の研究・執筆生活を終え、国際勝共連合の渉外局長の要職に抜擢された。大江さんの部下となった渉外部長は、大江さんよりもはるかに先輩の人だった。大江さんは「居心地が悪かった」と振り返るが、実力者である勝共連合事務総長、宮下さんの人事なので、誰も文句は言えなかった。大江さんは信者組織を離れていた時期に、宮下さんからスパイ防止法の研究を指示され、論文を作成していた。各国のスパイ防止関連の法律や日本の戦前の法律などを研究し、どんな法律が必要で、そのためにはどんな運動が必要なのかについて詳細にまとめていた。それを宮下さんが評価したのだという。渉外局長としての大江さんは、スパイ防止法の法案を作るとともに、全国のすべての都道府県にスパイ防止法制定促進・都道府県民会議、さらに市区町村単位でも地元の保守系議員を巻き込む形で制定促進会議を組織していった。その傍ら、源田実氏や堀江正夫氏ら自衛隊出身の自民党候補の選挙応援にも取り組んだ。選挙に絡め、自衛隊幹部らへの〝政治的な工作〟にも力を入れた。

——自衛隊の幹部らへの働きかけとは？

「私たちは、一九七〇年代から八〇年代にかけて、東京、横浜、京都、大阪、沖縄など太平洋ベルト地帯などを中心に自治体が相次いで革新政権となったことから、共産党がいうように近い将来、民主連合政権が樹立されるのではないのか、と大変な危機感を抱いていました。今の時代のウクライナのようにソ連が不凍港を求めてサハリンから北海道北東部に軍事侵攻する可能性を考えていました。そうした侵略が現実化した時、自民党政府では頼りにならない。だから、一時的であっても、自衛隊と組んで臨時政権を樹立する必要があると考え、その方法を真剣に研究していたのです。そうした関係で、私たちは自衛隊の元幹部の選挙を応援したのです。源田実氏、さらに堀江正夫氏の選挙を応援しました。堀江氏は西部方面総監部の総監だった人物。私が一九七九年に国際勝共連盟の渉外局長に任じられた後の初仕事は、参議院選全国区に立候補した堀江氏の選挙応援でした。私たちは三つの遊説隊をつくり、私は第一遊説隊の隊長を務めました。第一遊説隊は東日本をカバーします。第二遊説隊は西日本、第三遊説隊は全国をカバーする本隊です。三つの遊説隊の隊長はすべて国際勝共連合の青年が引き受け、それぞれの担当地区で、隊長がマイクを握り、『堀江の息子です』と言って応援演説をするのですから、ちょっとむちゃなところもありました。

　結果は、全国の自衛隊票をまとめて圧勝し、感謝されました。選挙応援であれば、全国の基地を回ることができます。どの基地も自由に出入りできました。堀江先生とともに訪問し、たとえば草むしりをしている自衛隊員たちに堀江氏が演説するなど。実際問題として、自衛隊の関係者は選挙に不慣れでした。我々が基地に出向き、『堀江先生の選挙の遊説隊長です』と名乗れば、『ツーカー』の返事が返ってきました。そうした自衛隊との信頼関係は選挙の後も続きます。その意味でも、自衛隊出身者への選挙応援は絶大な効果があったのです。堀江氏は旧軍関係者でもあり、軍事的な知識や経験も豊富な方でした。ソ連や北朝鮮、中国が日本に武力侵攻してきたら、堀江氏が参議院議員になれば、いざという時の臨時政府に参加していただけると考えていました」

――国際勝共連合は武装訓練もしていたのか？

「私を含め、国際勝共連合の仲間たちは民間防衛の役割を担うつもりでした。もちろん、防衛の最前線に立つのは自衛隊で、我々は民間防衛隊、後方支援部隊という位置付けでした。このため、私たちは散弾銃で武装していたし、自衛隊で定期的に訓練も受けていた。散弾銃の訓練は全国の射撃場、東京は八王子、千葉、あるいは韓国の済州《チェジュ》島などでした。散弾銃は所持を届け出たもので、違法ではありませんでした。自衛隊への体験入隊も重ねました。私も率先して体験入隊に何度も参加しました。あのころ、自衛隊の基地には自由に出入りできました。はっきり言って、三島由紀夫氏が組織した『楯の会』よりも、我々の方が信頼を得ていたと思います。それは選挙応援の実績があったからだと思います。そうした信頼関係の下に、北海道の海岸線や沖縄の海岸線などを視察し、自衛隊の基地を訪問し、激励し、意見を述べました。北海道の基地視察は一九八〇年だったと、私のメモにあります。基地の司令を訪ね、ソ連の想定上陸地点などを問いただし、こちらの意見を述べる。司令からも、民間のいい意見を聞けたと感謝されました。もちろん『ご意見には感謝するが、プロの我々に任せてほしい』とも言われました。

　残念なことに、一九七〇年の三島由紀夫氏の割腹自決の後は、各基地の管理が厳しくなり、以前ほど自由に出入りできなくなりました。体験入隊の訓練でも、三島事件の前は、実際に銃を持って、重装備での訓練に参加できました。実射の訓練だけはなかったけれど、大きな部隊の動かし方、小隊の動かし方などは、本当にきわどい内容まで踏み込んで教えてもらい、情報を得ていました。もちろん、三島氏の事件の後も、自衛隊と私たちの良好な関係が続いたのは前述の通りです。自衛隊での訓練に使われるのはライフル銃でした。散弾銃よりもはるかに威力がある銃です。しかし、民間防衛隊としては散弾銃で十分でした。一つ玉、三つ玉という大玉を撃つタイプの散弾銃なら、殺傷能力があり、十分に実戦向きでした」

――私が朝日新聞社にいた時の取材では、埼玉の朝霞駐屯地で自衛隊員を主な対象に伝道していた旧統一教会のホームがあった。そこの代表は、自衛隊を中心にして日本に革命を起こすと言っていたという話を聞いた。事実なのか？

「情報は正確です。私たちが情報漏れを避けながら真剣に取り組んでいるのに、困った男が出てくるんです。自衛隊工作は、おおっぴらにはできないことなんです。変な情報が漏れ出ると、そこから綻《ほころ》びが広がり、潰されてしまう。そういう話は縦の線のみで横に広げてはならない。知っていても、わからないふりをしなければならない。問題の男については遠隔地へ行ってもらいました」

――話は飛ぶが、二〇二二年の安倍元首相暗殺事件で、犯人の山上徹也被告が海上自衛隊の隊員だった時、身内に旧統一教会信者がいることがわかり、冷遇されたと聞く。

「十分ありえます。三島氏らの自決事件だけでなく、私たちの自衛隊工作が自衛隊側の警戒心を強めた結果だと思います」

――勝共連合とスパイ防止法制定促進国民会議は一体と考えていいのか？

「その通りです。両組織はほぼ一体のものでした。少なくとも、幹部は同じ人物でした。私も国際勝共連合の渉外局長を務めながら、スパイ防止法制定促進国民会議の総務部長を兼ね、二つの組織にまたがるようにして活動しました。私の認識では、自衛隊は令外《りょうげ》の官と言って、憲法の外側に置かれている。これを元に戻し、自衛隊ではなく防衛軍に名称変更する必要がある。お渡しした本では、『世界共産革命史』と『複合戦略』がセットになっています。前者は軍事、兵の動かし方を書いている。後者はＫＧＢなどの謀略について書いてある。後者は元自衛官の先生が私たちとよく話し合い、私たちの意見も取り入れて書いています。軍事と謀略が一体となって、クーデターを成功させる。『日本共産党「政権参加」近し！』については、やはり早大原理研出身の仲間が書いています。そして、全体のキャップが河西さんでした。スパイ防止法制定促進国民会議の幹部会で、首都圏防衛、皇居防衛のための計画を練っていました。臨時政権をつくるためには、軍事のことがわかる政治家が必要だと考えていた。元軍人の堀江氏、源田氏が該当します。防衛庁長官の経験者も頼りになります。岸信介氏、あるいは民間の笹川良一氏も必要な人物になる。彼らを立てつつ、超法規的な行動についても根回しをする。それが、私の仕事だと心得ていました。民間防衛、後方支援の組織は、少しぐらい訓練しても、実践としては、お話にならない程度のことかもしれない。訓練と呼ぶのもおこがましいかもしれない。しかし、気持ちだけでも大事なことだと考えていました。

スパイ防止法制定促進国民会議を全国化するため、都道府県単位の促進会議を設立する時には、元総理の岸氏に大変お世話になりました。各地の有力政治家への根回しをしていただきました。当時、私たちは東名高速を御殿場で下りて、少し走ったところにある岸氏の山荘を定期的に訪ねました。各地の制定促進会議の結成状況、制定を促進する国会請願についての地方議会の決議状況などをご報告するためでした。岸氏はいつもにこやかな表情で、ウンウンと頷かれるだけでした。私は、岸氏からいろいろなお話を伺うのが楽しみでした。ある時は、『君たち。軍人なんて度胸のない連中だよ。A級戦犯で裁判にかけられている時は、枯れ木のように萎《しお》れていた。僕は朝から元気だったよ』などと話されました。御殿場詣での際には、旧陸軍の有末《ありすえ》精三《せいぞう》元中将ともよくご一緒させていただきました。有末元中将は戦後、占領米軍との連絡役となり、自衛隊の創設などに尽力された方でした。有末元中将が同席する場では、岸氏は旧軍関係者の悪口などは一切言われませんでした」

――スパイ防止法は国会でどうなったか？

「順を追って説明します。一九七九年二月、自民党の『国防関係の国会議員』の皆さんと国際勝共連合が共同で、『スパイ防止法制定促進国民会議』を結成しました。勝共連合は、この国民会議に一億六〇〇〇万円を寄付し、国民会議は六月に『機密保護法の研究』を出版しました。この小冊子は、私がまとめたものです。制定促進運動の旗振り役は岸氏です。私たちが尽力したスパイ防止法案は一九八五年に自民党内の委員会を通過し、議員立法として提出され、あとは野党の攻勢を抑え、国会の委員会と本会議に提出される運びになりかけていました。成立まであと一歩のところまで行ったのです。しかし、ここでいわゆるリベラル系の自民党宏池《こうち》会《かい》を中心とする議員たちが立ち回り、法案を潰してしまった。

朝日の元記者の方を前に申し訳ないが、朝日新聞が社をあげてスパイ防止法制定に反対のキャンペーンを張っていました。一面、二面、三面、社会面などをスパイ防止法反対の記事で埋め尽くしていた、我々から見れば、とんでもない紙面で、私は怒り心頭でした。当時は、リベラル派の間で朝日新聞の影響力は絶大で、宏池会の議員たちも、それで動いた側面もあったと思います。スパイ防止法案が潰れ、自民党は頼りにならないことがわかった。あとは頼りになるのは、自衛隊しかない。私たちは、こう考えて、自衛隊の現職の幹部や、自衛隊出身の議員への働きかけをさらに強めていきました。一方で、スパイ防止法の制定への取り組みは続けました。社会の有り様を決めるのは基本的には憲法です。今の憲法には、愛国の義務の規定がない。現行制度では、外国籍の人が日本国籍を取得する時、日本を愛する義務についての確認は不要です。このため、元の自分の国のスパイを呼び寄せることもできる。憲法を改正して愛国の義務を盛り込みつつ、スパイ防止法を制定する必要があると考えていました」

――国際勝共連合という組織について、もう少し詳しくお聞きしたい。

「統一教会の本流は信者組織であり、国際勝共連合という政治団体はいってみれば傍流です。しかし、この勝共連合に、私のような元民青とか、河西さんのような元革マル派とか、学生運動での左翼の活動家からの転向組がわんさかいたんです。そうした元活動家たちや自衛隊出身者らでつくるグループ、私は武闘派と呼んでいますが、このグループを宮下さんが率いていたわけです。宮下さんは私より一〇歳ほど上で、最近亡くなられました。亡くなったので、宮下さんが活躍した時代を一つの歴史として受け止め、ある程度はお話ができるのです。宮下さん自身は精神的な意味でも、肉体的な意味でも、ある種の武闘派で、部下たちから尊敬されていました」

――宮下昭彦さんについて、もう少し詳しくうかがいたい。

「普段は物静かですが、怒るととても怖かった。そんな人でした。宮下さんは、神経症的と言っていいほど、ソ連や中国、北朝鮮による侵略についての危機意識を持っていました。国防体制の確立は緊急を要する課題だとも考えていました。その意味でも、私たちのリーダーとしてふさわしい人物でした。当初は中央大学の法学部で司法試験を目指していたのですが、野球部の指導者になるために日体大に入り直したと聞いています。根っからのスポーツマンで、一〇〇メートル走も一一秒を切り、ボール投げでも一〇〇メートルを記録したといいます。酒も強く、宮下グループで会合がある時には、ビールをダース単位で注文し、研究会や打ち合わせなどが終わると、深夜まで飲みました。レベルが違うというか、宮下さんは翌朝も、迎え酒だと言って、朝食の際にビールを飲みます。私も〝大江山の赤鬼〟と呼ばれ、酒はいける口です。でも、さすがに二日酔い状態の朝は『勘弁してほしい』と思うのですが、宮下さんは『おい、飲め』と勧め、自分も飲むのです。お酒の話ばかりしましたが、宮下さんは包容力も指導力もありました。国際勝共連合の中に存在した〝武闘派〟を率いるためにも最適の人物だったと思います」

――改めて聞くが、国際勝共連合には幻のクーデター計画があったと考えていいのか？

「その答えはイエスです。ただし、それほど具体化したものではありませんでした。私たちはソ連や中国などによる侵略が間もなく始まるに違いないと真剣に考えていた。そんな危機が迫っているのに、自民党政府は全く頼りにならない。だから、侵略が始まった緊急事態の中で、敵と闘える臨時政府が一時的に必要で、その臨時政府をクーデターによって樹立するしかないと考えていました。しかし、実際には、そうした事態にはならなかった。それに、今となっては、私たちが考え、実践したことは、世間から批判されても仕方がないと思います。私たちの心配は、取り越し苦労に終わったのです」

――国際勝共連合と公安調査庁の関係は？

「公安調査庁で国際情勢分析などを担当している調査第二部と我々の関係は極めて良好でした。調査第二部の部長を務められた菅沼光弘さんが二〇二二年に著した『「統一教会」問題本当の核心』の中で、『国際勝共連合の人たちは、共産主義について実に詳しく研究している』と書いています。それだけの信頼関係があったのです。国際勝共連合はいわゆる新左翼の過激派にもスパイを送り込んでいましたが、それは大したことではありません。主戦場はソ連、中国、北朝鮮の関連団体の情報収集でした。

たまたまですが、菅沼さんと私は福知山高校で先輩、後輩の関係でしたので、非公式にですが、菅沼さんと定期的に会っていました。統一教会の広報部長だった時には、記事への抗議のために出向いた雑誌の編集者たちに『私は公安調査庁の菅沼さんとは毎月会っている』と伝え、こちらの権威付けに活用させていただいたこともあります。もちろん、菅沼さんに頼んで雑誌社に圧力をかけるようなことはしていません」

――世界日報の元記者が「公安調査庁は、私たちが提供した副島さん襲撃事件や世界日報をめぐる

事件の資料を元に、文鮮明教祖の入国拒否を決めることになった」と話しているが。

「それは、私にはわかりません。文先生の入国拒否は、文先生がアメリカで脱税の罪に問われ、入獄していた過去があるからです。外国で一年以上の刑期に服した人物は基本的に入国できません。身内の葬儀など一部の例外を除いて、認められないのです。その中で、自民党政治家の金丸信氏の口添えと保証によって、一九九二年に会議参加を目的として日本への入国ができました。その後、日韓トンネルの対馬での起工式を実施することになった時、その起工式に出席するため、日韓トンネル提唱者である文先生の再来日を実現しようと動きました。もう少しで実現するところだったと思うのですが、文先生が亡くなったため、頓挫しました」

※世界日報元記者は、「副島嘉和氏が、世界日報をめぐる事件や統一教会の内実を暴露した詳細な手記を、公安調査庁の調査第二部第三課に提出した。同課はそれを参考に調査リポートを作成した。元法務大臣の坂田道太氏はこの調査リポートを読んで、文鮮明教祖の入国拒否に力を注ぎ、決定的な役割を果たした」と話している。

第7章

日韓トンネル事業

懺悔 その9

「日韓トンネルは夢物語だ。日韓両国政府の承認も決定もない段階で、勝手に動いてきた。そんな世間の批判は百も承知していますが、有効な反論はできていませんでした。その意味で、懺悔の対象だと考えています。とはいえ、私が統一教会の信者として関わった仕事の中で、最も納得でき、やりがいを感じてきたものが、日韓トンネルの事業なんです。地元の人たちにも、用地買収や工事を通じて、すでに実利をもたらしています。この巨大プロジェクトは、いつか必ず実現する。実現すれば、私が人生をかけて取り組んできたことは無駄ではなかったということになります。結果はまだ出ていませんが……」

日本と韓国をトンネルでつなぐ。この構想は、今から四〇年前に旧統一教会の文鮮明教祖が提唱した。一九八一年一一月、文教祖は韓国・ソウルで「国際ハイウェイプロジェクト」と名付けた構想を発表。翌年四月には東京で国際ハイウェイ建設事業団を発足させた。一九八三年五月には日韓トンネル研究会がつくられ、計画は本格的に動き出した。大江益夫さんは、このプロジェクトの現場責任者になるよう指示され、一九八二年春からほぼ一〇年間、国際ハイウェイ建設事業団の事務局長を務めた。その後、統一教会の広報部長に転出するが、二〇〇九年に同事業団が国際ハイウェイ財団に再編成された際に、その事務局長として復帰。二〇一一年に同財団の理事長になり、二〇一七年に理事長を退くまで、九州の現地に滞在した。前後合わせて約一八年間、日韓トンネル事業に関わってきた。理事長退任後も、財団の評議員としての籍を残し、年に数回、九州の現地で開催される役員会に出席してきた。

日韓トンネルの構想を実現するには約八兆円から一〇兆円の資金が必要とされる。資金的にも、技術的にも、日韓両政府の国家事業とならなければ、実現は不可能と考えるのが常識である。ところが、トンネルの日本側の起点とされる佐賀県唐津市の名護屋地区、中継地とされる長崎県対馬市で、それぞれトンネルの開口部の周辺で国際ハイウェイ財団によって用地買収が進み、同財団や大手建設会社による入口付近の掘削工事も行われている。すでに一〇〇億円から二〇〇億円の資金が投入されているという。ジャーナリストの有田芳生氏は「統一教会は、実現のめどが立たない工事を推し進めるために、信者から多額の献金を集めている。何を考えているのか」と批判している。

――日韓トンネルは実現の見込みが立たない夢物語ではないのか？

「そうした批判は百も承知で、私も大風呂敷を広げた事業だと自覚しています。あの青函トンネルは総延長が約五四キロ。これに対し、日韓トンネルの総延長が約二三〇キロ、海底部分だけで約一五〇キロになります。しかし、九州から壱岐《いき》、対馬、そして韓国の釜山《プサン》へと島伝いにつないでいくので、それぞれのトンネルの全長は青函トンネルと同じ五〇キロ前後です。釜山海峡、対馬海峡などは最大水深二三〇メートルあり、一四〇メートルの青函トンネルよりも難工事になると思われますが、技術的には十分に可能です。途方もない計画だとの世間の批判はわかります。しかし、巨大プロジェクトというものは、みんな最初はそこから出発するのです。私なりの夢をかけており、この事業に携わってきたことを後悔していません。

　青函トンネルについても、当初は橋をかけることも、トンネルを掘ることも無謀で、船で行き来すればいいじゃないか、という声が圧倒的でした。しかし、一九五四年に台風による荒波で青函連絡船の洞爺丸《とうやまる》などの沈没事故があり、死者・行方不明者合わせて一四〇〇人以上という犠牲者が出ると、トンネル実現への動きが加速しました。二七年間の難工事を経て、一九八八年に開通しました。難工事が続く中、『青函トンネルは、エジプトのピラミッド、中国の万里の長城と並ぶ、世界の三大無用の長物』と揶揄《やゆ》されたこともあります。青函トンネルの構想ができてから完成までに六五年かかっています。

　ヨーロッパでは、英国とフランスを結ぶドーバー海峡トンネルが一九九四年に開通し、大動脈となっていますが、これも、あのナポレオン一世が構想し、フランス側に立坑を掘らせてから二〇〇年近い歳月をかけてやっと完成したのです。日韓トンネルは文先生が構想してからまだ四〇年しか経っていません。私は一〇〇年先のことを考え、トンネルが実現するための一里塚の役割を果たせればいいと思っています」

――しかし、政府が決めていないトンネル工事を民間の財団が独自に始めるのは問題ではないのか？

「私たちはあくまで、民間の立場で用地買収やトンネル入口の開口部付近の工事を進めているわけです。青函トンネルでも、近年、民間だけで自動運転車専用の第二トンネルをつくる動きがあります。青森側、北海道側のそれぞれに政府事業が始まる前の民間による試掘の跡が残っており、先人の努力の跡の記念碑として大事に保たれています。フランスでも、ナポレオンが掘らせたドーバー海峡トンネルにつながる立坑が残り、観光地になっています。我々は夢を抱いた最初の試掘者であればいいと思っています。とはいえ、専門的に言うと、トンネルの坑口を作るということは、トンネル全体の設計図とルート図ができていなければなりません。我々は対馬海峡の地形地質調査をはじめとして、各地で入念な地質調査やボーリング調査、海洋調査などを経て、最適のルートを選んだという自信があります。将来、政府事業になる場合にも、現在進めている設計図やルート図は十分に役立つはずです。

　文先生が日韓トンネル構想を提唱して五年後の一九八六年、佐賀県唐津市の斜坑の掘削現場近くで起工式が催されました。第一次南極地域観測隊の初代の越冬隊長を務めた西堀榮三郎さんが来賓として来られました。西堀さんは文先生がソウルで最初に日韓トンネルを提唱した会にも出席され、国際ハイウェイ建設事業団の顧問も引き受けてくださっていました。起工式では、『皆さん。今日から日本は島国ではなくなりました。ユーラシア大陸と地続きになったのです』と挨拶されました。工事完成後の夢について語られたのだと思いますが、私を含めて参加者たちは感動し、涙を流しました」

――これまでに、どれほどの資金が投じられたのか？

「狭い意味での事業費、つまり対馬海峡の地質調査、用地買収費、試掘坑などの工事費だけで一〇〇億円を超えています。トンネル事業についての啓蒙、地元対策費などを含めれば二〇〇億円近い資金を投入しています。国際ハイウェイ財団の基本財産の届け出は約七〇億円。その多くが用地買収後の土地評価額で、用地買収などによって地元に恩恵をもたらしています。日本側のスタートラインの佐賀県の唐津市、中継地の対馬で坑口の周辺で取得した土地は合わせて約一二〇ヘクタールで、東京ドーム約二五個分の広さになります。たとえ試掘の場合でも、他人の土地の地下を掘るわけにはいきません。用地買収は工事には欠かせないのです。

国際ハイウェイ財団を設立したのが統一教会であることについては、積極的に公表していませんが、隠しているわけでもありません。私自身、現役時代には地元の人たちと仲良くするために、いろいろな人たちと会いましたが、聞かれれば私や財団の代表などが統一教会の信者であることを説明していました。財団の下には、地質調査やルート調査、試掘作業などを請け負う会社も設立し、社員も雇用しています。その意味でも、地元に恩恵をもたらし、歓迎されていると思います。

　これまでの工事の内容も明らかにできます。トンネルを掘るには、調査斜坑、先進導坑を掘った後、その先進導坑を追いかけるように本坑を掘り進めるのですが、国際ハイウェイ財団で調査斜坑と先進導坑を引き受けることにしました。本坑は日韓両政府の合意のもとに大手ゼネコンが担当することになるでしょう。青函トンネルの場合でも、先進導坑は日本鉄道建設公団、本坑は大手ゼネコンがそれぞれ担当しました。もちろん、先進導坑のルート選定にあたっては、活断層などを避けるための地質調査、海洋でのボーリング調査なども十分に行っています。青函トンネルを担当した技術者の方々を財団に招聘《しょうへい》して、彼らの知識や経験を生かすように努めています」

――政治家の動きは？

「九州地区を中心に非常に多くの政治家、国会議員らの協力を得てきました。二〇一三年には対馬市議会が満場一致で日韓トンネル推進の意見書を可決しています。最近では、韓国側の尹錫悦《ユンソンニョル》大統領や与党の『国民の力』所属議員らの間で、日韓トンネル推進の声が上がっています。しかし、現在の日本の政界で、与野党の統一教会排除の動きなどを考えれば、日本でトンネル事業が前へ進む動きが現れるとは、とても思えません。当面は、現地での調査や工事を少しずつ進めながら、様子を見守っていくしかないと感じています。四月末からの連休を利用して、私は大腸ガンの手術後の静養中の身ではあるのですが、九州のトンネル試掘現場を視察し、お世話になった地元の人たちに挨拶してきました。私としては焦ってはいません。ドーバー海峡トンネルのように、百年先、二百年先を睨《にら》んで準備すればいい。工事が本格的に始まれば、私たちの準備を生かすようにして、意外に順調に本坑の工事が進むような気がします。青函トンネルでも、本坑の工事は一気に進んだと聞いています。その時に、先駆者としての栄誉を多少なりとも受けることができればと思います。

　私は淡路島が生んだ政治家の原健三郎氏を尊敬しています。彼は終始一貫して淡路島を通して本州と四国をつなぐ瀬戸大橋の建設を主張し、ついに実現させた。これは本当に立派なことだと思っています」

――日韓トンネルは実現すると思うか？

「もちろんです。私は、そう信じています。将来、統一教会が世間の人々から感謝されることがあるとすれば、日韓トンネル事業で先駆的な役割を果たしたことという評価になると思っています。実現できなければ、私たちの努力は徒労だったということになりますが……」

第8章

旧統一教会広報部長の時代

懺悔 その10

「私の広報部長時代の七年間は、一言でいえば、悲惨な日々でした。霊感商法について、『経済活動は、宗教団体とは無関係』という〝広報部長のコメント〟を出し続けていました。経済活動を主導した株式会社ハッピーワールドの実態は信者組織そのものだったので、事実に反するコメントでした。被害弁連が起こした民事裁判で、経済活動と宗教活動が一体化している実態が認定されると、もう否定することができなくなり、信者からの献金という形に変えての〝経済活動〟となりました。その献金のために困窮する家族が続出しました。広報部長として、こうした事態を看過できず、『生活基盤を脅かす高額の献金を受け取ることは自粛が必要』などと訴える論文を書いて組織上層部に訴えましたが、無視されました。もっと徹底的に闘うべきでした。懺悔しなければなりません」

大江益夫さんは一九九二年春に統一教会の広報担当になった。それまでの約一〇年間は、日韓トンネル事業に携わっていた。トンネルの開口部になる佐賀県唐津市の試掘現場の周辺の用地買収の交渉などが主な仕事だった。唐津市内の工事は六〇〇メートルほど掘り進んだところで一段落し、次は長崎県の対馬での土地買収と工事の準備を進めていたところで、「東京へ戻ってこい」と上層部からの指示があった。当時、トンネルの事業会社の資金繰りがきつくなり、手持ち無沙汰の状態になっていた。このため、大江さんは心残りなく、東京に戻ったという。

――どんな経緯で広報部長に就任したのか？

「上層部から言われたのは『お前は九州で地上げのため、地主と一緒に酒を飲み歩いているそうだね。広報部長はマスコミの記者たちと飲むのが仕事だから、お前に向いている。どうだ。やってみないか』というものでした。信者には禁酒・禁煙の戒律がありますが、それを守っていては用地買収のための住民の方々との話し合いができません。そのことを教団の上層部は承知していたわけです。東京へ戻ると、日本統一教会の初代会長で、当時は名誉会長に退いていた久保木修己さんが、こうおっしゃるのです。『君は広報部長として何でも自由に喋っていい。早稲田の村井総長との裁判（名誉毀損をめぐる民事訴訟）で経験を積んでいるから、どこで何を喋ればいいのか、事情をよくわかっている。信頼している。ただし、写真はダメだ。写真だけは撮られないように』。久保木名誉会長とは、私が高校生だったころから親しくさせてもらい、信頼できる人物でした。彼のお墨付きを得て、自由にやらせていただきました」

大江さんは最初の一年間は広報担当を務め、その翌年から七年間、広報部長の重責を担った。その七年間に神山威《たける》、藤井羑雄《みちお》、小山田秀生《ひでお》、櫻井設雄《せつお》、石井光治《みつはる》、江利川安栄《やすえ》、大塚克己《かつみ》の計七人の会長が交代した。ほぼ毎年の交代ということになる。当時は、霊感商法の問題だけでなく、一九九二年に韓国のソウルで開催された三万組国際合同結婚式に、有名歌手だった桜田淳子さん、オリンピックの新体操やバドミントンの有名選手だった女性たちの参加の動きや脱会の記者会見などへの対応に追われた。

――なぜ、会長が次々に交代したのか？

「上層部のことはよくわかりません。ただ、あの時代は有名歌手の合同結婚式参加をきっかけに、マスコミによる激しい統一教会批判が延々と続きました。マスコミの批判、世間からの非難にどう対処したらいいのか。当然、韓国の教団本部からも様々な注文がきたでしょうし、それらへの対応を迫られます。歴代の会長は事情がよく飲み込めないまま、心身のストレスがたまり、適切な舵取りができなくなったのだと思います。事実、はっきり精神的におかしくなって会長職を退いた人もいます。あからさまにそうは言われなくても、『そろそろ限界では』という空気になり、新たな会長に引き継いだ。そんなことの繰り返しだったように思います。そうすると、対マスコミの矢面に立つ広報部の責任者、つまり私は事情をわかっているから留め置くしかないということで、七年間も激職を務めることになってしまった。そんな気がしています。当時、私は教団に八人いた責任役員の一人で、企業でいえば取締役の立場でした。親しくしていた公安調査庁の菅沼光弘さんが『君はナンバー３の立場だから変わらないんだ』と話しておられました」

――どんな方針で広報部長を務めたのか？

「マスコミ対応の基本的な立場としては、『皆さんの言論の自由を尊重します。自由に書いていただいて結構です。ただし、信教の自由も同時に認めてください』ということ。さらに『いかなる批判記事や厳しい質問にも答えます。なので、必ずこちらのコメントを掲載してください』というものでした。記事の事実関係に間違いがあれば、厳しく抗議し、訂正と謝罪を求めました」

――タレントの合同結婚式への参加にどう対応したのか？

「私は、自然体での対応を考えていました。つまり、アイドル歌手だった桜田淳子さんについても、合同結婚式に参加する他の信者たちと同列で考える。とはいえ、これだけで終わっては綺麗ごとになってしまいます。広報部では、桜田淳子さんや元オリンピック代表や全国大会優勝の有名スポーツ選手二人を合わせて、『祝福三女王』という呼称を用いて、宣伝もしました。私はスポーツ紙の記者たちに知り合いが多かったので、記事掲載をめぐる個別の働きかけもしました。その結果かどうか、一部のマスコミは合同結婚式を好意的に報じた時期もあったと思います。けれども、全体的には批判的、あるいは無視でした。そうした中で、私が内心で抱いていた姿勢が、『祝福三女王』を特別視しないというものだったということです。

私の印象では、桜田さんはとても純粋な人でした。結婚相手の男性は早稲田の出身者で、私もよく知っている人物でした。北陸地方の漁港の網元の家で、今も幸せに暮らしていると思います。バドミントンの選手だった女性も、信者の男性と一緒になり、地道に生きておられると思います。結婚相手を公表後、脱会の記者会見を開いた新体操の元選手の女性については、今は教団とは縁がないので、失礼のない範囲で話します。相手に決まっていた勅使河原秀行さんは、非常に優秀で真面目な男なんですが、ちょっと理屈で押しすぎました。女性側の心が揺らいだ時、説得して引き戻すことができなかった理由、言い換えれば二人が合わなかった理由が、私にはなんとなくわかりました。時々、テレビや新聞で彼女の元気そうな姿を拝見します。私は、それでよかったと思っています。文先生が決めた結婚を神聖視して、『結婚が破局すれば地獄に堕ちる』という人もいますが、それは間違いです。穏当な言い方でいえば、『行きすぎた考え方』です。

合同結婚式のセレモニーは、文先生が主宰された神聖な儀式であることは確かです。しかし、当事者たちにとっては、〝お見合い結婚〟ということになります。なので、新体操の元選手の例のように、うまくいかない時もある。その場合、天罰がくだるなどとは全く考えていませんでした。普通の結婚で、うまくいく時といかない時があるように、いくら文先生が相手を決めた結婚でも、うまくいかない時があります。その場合は、離婚するしかない。結婚とは、そういうものなのです。ですから、天罰はくだりません。その意味でも、自然体でいくしかないと考えていました」

――立ち入ったことを聞くが、娘さんたちは合同結婚式に参加したのか？

「そうです。実は、私には三人の娘がいて、それぞれ文先生が選んだ人と結婚しました。しかし、このうち一人はうまくいきませんでした。で、離婚となったのですが、私は離婚に反対しませんでした。無理に結婚生活を続けることなんてできるわけがありません。当たり前のことだと思います」

――娘さんたちを育てる際、いわゆる「宗教二世」問題は起きなかったのか？

「家庭内のトラブルですね。親の信仰を押し付けられた子どもたちの苦しみや悩みはあったのか、ということですね。幸いなことに、そうした問題は起きなかったと思います。ですが、問題がなかったわけではありません。私と妻は教団の仕事にかかりきりだったので、娘たちが進学などの際、教師との三者面談などに二人ともほとんど出席できませんでした。なので、『ちゃんと来てほしかった』と今も文句を言われています。そして、『私たちは本当にさびしかった』とも。私は広報部長として、信教の自由を尊重するように世間に訴える立場だったので、家庭内でも、娘たちが大きくなったら、信教の自由を尊重したいと考えていました。娘たちがどう思っているのかはわかりませんが、私としては娘たちの生き方や信仰を尊重してきたつもりです。私自身が、親の意見はほとんど聞かないで、民青同盟員になり、統一教会に入信し、上京しました。人生も、宗教も、政治も、個人の問題だと私は思っています。文先生のもとで合同結婚式に参加した祝福家庭の子どもたちは、生まれながらにして原罪を持たない。教団には、そうした考え方がありますが、いずれにしても我が家の娘たちはごく普通に元気に、健やかに育ちました」

大江さんが旧統一教会の広報部長を務めていた当時、合同結婚式の問題とともに霊感商法をめぐる裁判が続発していた。全国霊感商法対策弁護士連絡会（全国弁連）が各地で、霊感商法による被害を訴える損額賠償請求訴訟だった。当初、旧統一教会側は、信者組織と経済活動を行うグループは別々であり、信者組織は経済活動に関与していないので、いわゆる霊感商法については「知らない」と主張した。しかし、裁判所では全国弁連側の主張に沿って「信者組織と経済活動は一体のもの」と認定する判決が続いた。このため、教団が霊感商法の責任から逃れることが次第に困難になっていった。窮地に立たされた教団は、壺や印鑑、多宝塔などの物品販売よりも、まず信者にした上で、高額の献金を求める集金方法に切り替えた。しかし、この献金についても、「先祖の祟りを鎮めるために必要だとして献金を求める行為は公序良俗に反する」などとして、返還を命じる判決が相次いだ。

――裁判の流れは、次第に教団を追い詰めていった？

「裁判の勝ち負けで言えば、実際には五分五分でした。しかし、統一教会という信者組織はいわゆる霊感商法に一切関与していないという主張が認められなくなったので、出直しを迫られたわけです。それでも、しばらくの間は、広報部長として、上層部が示した方針に基づき、『信者組織は経済行為に一切関与していない』というコメントを出し続けるしかありませんでした。その上で、記事について事実関係で小さな間違いがあれば、その記事の発行元の出版社などへ抗議に押しかけることもしばしばでした。そうこうするうちに、教団の方針としては霊感商法はやめ、信者になってもらってから、献金の形でお金を集めるということになっていったと思います。しかし、この献金の集め方が問題になったわけです」

――当時、韓国の教団本部も日本のマスコミの統一教会批判の論調に神経をとがらせていたのでは？

「正確な時期は覚えていませんが、スポーツ新聞が一面トップで、文先生の、いわゆる〝血分け〟問題を報じたことがありました。韓国で教団が設立されたころ、文先生が信者と性的なスキャンダルを起こしていたという記事でした。韓国の教団本部が激怒し、私は飛行機でソウルへ駆けつけ、『スポーツ新聞の記事は、日本ではほとんど信用されません。ほうっておけばいいんです』と説明しました。しかし、韓国の本部は納得してくれない。そして『その新聞社にどんな方法を使ってもいいから記事を抑えろ』というのです。少なくとも、日本の新聞社は金でどうにかなるものではない。困り果てたことが何度もありました」

――同じころ、オウム真理教の事件が起きたが？

「私が広報担当になって三年後の一九九五年にオウム真理教による地下鉄サリン事件が起き

ました。多数の犠牲者が出て、教団の幹部たちが軒並み逮捕され、後に死刑の判決が相次いで出て、大騒ぎになりました。その時期、私たち、統一教会への世間の関心が一時的に薄れたと思います。オウム真理教には上祐史浩《ふみひろ》という広報部長がいました。マスコミの批判に反論しながら、教団の立場を説明するのが得意で、『ああ言えばジョウユウ（こう言う）』という流行語まで生まれたほどです。私は、新聞やテレビに顔を出さないと決めていましたが、上祐さんはテレビや新聞、雑誌に連日のように出ていて、いわば、引っ張りだこ。当時、私は『沈黙は大江（金）、雄弁は上祐（銀）』と一人ごちていました。

　それはともかく、上祐さんは〝ポア〟と呼ばれた教団ぐるみの殺人行為に関わることはありませんでした。偽証罪で懲役三年の実刑に服し、今は新たな宗教組織をつくっています。幹部たちが軒並み重大事件に関わり、死刑や無期懲役刑に服する中で、異例とも言えます。ここからは、私の個人的な意見ですが、これは上祐さんが広報部長を務めていたからではないのか、と思っています。広報部長は、教団と社会の接点の役割を果たします。教団の主張を社会に訴え、批判に反論する。有効に反論するためには、批判の内容をよく吟味する。つまり、社会が何を考え、何を批判しているのかをしっかり検討しなければなりません。その思考の過程で、世間が何を考えているかを知る。つまり、世間から許されること、絶対に許されないことを見分ける知恵がつくのです。一般の企業や組織にとっても、広報部の役割は極めて重要です。宗教団体にも、全く同じことが言えるのだと思います。それから、上祐さんが服役を終えた後に設立した学習教室『ひかりの輪』が地下鉄サリン事件などの被害者救済のため、損害賠償活動を継続しているのは立派なことだと思っています」

――大江さんが広報部長時代、一番やり合ったマスコミは？

「週刊文春さんですね。合同結婚式の問題や霊感商法の問題を頻繁に取り上げていて、多い時には毎週のように抗議に行きました。それで、編集部のデスクだった松井清人《きよんど》さんとはすっかり顔なじみになりました。広報部長を退いてから一〇年ほど後のことですが、週刊文春が『（文教祖の）四男がミスコリアとデキ婚』という見出しの記事を出しました。この時、統一教会側は他の問題も含めて事実無根だとして、文藝春秋に猛抗議しました。文藝春秋の本社前の路上で信者が抗議の断食を四〇日間も続けるなど大騒ぎになりました。どうにも収拾がつかないので、日韓トンネルの財団に戻っていた私のところに出番が回ってきました。私は、当時の統一教会の梶栗玄太郎会長の前で、文春の幹部になっていた松井さんに電話し、善処をお願いしました。統一教会の広報局長、総務局長、それに私も同席する形で、松井さんに会うことになりました。松井さんは『記事をよく読んでもらえればご理解いただけると思いますが、必ずしもデキ婚を断定しておりません』とおっしゃるので、私が『であれば、四男がデキ婚？　と見出しになぜクエスチョンマークをつけてもらえなかったのか』と聞きました。松井さんは『なるほど、そうですね。実は、最近は統一教会の担当者がいなくなりまして、配慮が足りませんでした』と認められた。で、私は『今後、うちに関する記事を出される場合、広報局長によく確かめていただけませんか？』とお願いすると、松井さんは『わかりました』と頷き、他の問題も含め話し合いはまとまりました。批判はしてもらって構わないが、事実関係を正確にしてほしいというお願いであり、圧力をかけたわけではありません。松井さんは、その後、文藝春秋の社長になられましたが、惜しいことに急逝されたと聞いています」

――文藝春秋の松井さんと懇意になった経緯は？

「実は、霊感商法をめぐる記事について、週刊文春さんに抗議を続けていた時、編集部のデスクだった松井さんが会議室から退出しようとしていた私を呼び止め、厳しい表情で、こう問いただしたのです。『大江さん。あなたは霊感商法は正しいと本気で思っているのですか？』と。あの時、私は少し迷いましたが、『正しいとは思っておりません』と答えました。突然の問いかけに対し、思わず本音を話してしまったのだと思います。でも、その時から、松井さんとの信頼関係ができました。それぞれ立場の違いはあるが、話は通じるな、と思っていただけたわけです。霊感商法に従事していた信者たちの大半は、壺や印鑑や多宝塔を高額で売ることについて『正しい』と信じていました。いや、信じさせられていました。しかし、広報部長をまともに務めるためには、世間の側から教団を見つめる視点も必要です。広い視野に立てば、問題だらけの商法だと気づかざるを得ませんでした」

――広報部長から離れた直後に出版した本についての背景は？

「『統一教会の検証』ですね。これには、説明が必要です。広報部長として過ごすうちに、教団のあり方について数々の疑問を持つに至りました。それで、元々は『広報部の回答』というタイトルで、改善すべき点を網羅的に指摘する本になるはずだったんです。信者や批判者からの質問に、真正面から答えるという体裁で、ごく少数ですが、印刷までしたのです。しかし、ここで上層部から手直しが入り、内容はほとんど消え去ってしまいました。本の著者名も私の同僚の名義になり、タイトルも『統一教会の検証』になりました。そして、第1

章でも触れたのですが、『生活基盤を脅かす高額の献金を受け取ることは自粛が必要』などの献金をめぐる問題点だけは、ごく一部ですが、残りました。しかし、その後も、私の指摘は無視され続けたわけです。本が出た後、私はブラジルのアマゾン川の上流の奥地への赴任となりました。この奥地のパンタナールで三年間ほど過ごすことになりました。世間的な言い方をすれば、左遷ですね。今から振り返れば、この本の出版と左遷をきっかけに、私は教団本部から次第に疎《うと》まれる存在になっていったのだと思います」

――広報部長として、赤報隊事件にどう対処したのか？

「警察の捜査やマスコミの取材動向などを慎重に見守っていました。前述したように、国際勝共連合の武闘派たちは散弾銃を持ち、クレー射撃などの訓練をしていました。関連企業を統括する事業団は全国に銃砲店を展開していました。国際勝共連合には諜報部隊もあって、危険な諜報活動に従事していました。犯行に使用された散弾銃は銃身が短く切断されていましたが、精密に切断するためには設備が必要です。これらのことは、統一教会にとって、事件への関与を疑われる要素です。ですから、我々の組織が疑われ、犯行を裏付けるデータなどが出てきたら困るな、と考えていました。一部の右翼の人たちの見立ての通り、あれほど完璧に事件をやれるのは、うちの組織ぐらいかもしれないとも思っていました。そんな思いで事態の推移を見守っていました。結果的にですが、私が広報部長時代、捜査に進展はありませんでした」

――もし、大江さんが今も広報部長だったら、教団の危機にどう対処するのか？

「私だったら、まず、憲法で保障された信教の自由を認めてほしいと社会に訴えます。現状では、教団の信者であることがわかると、それだけで社会から排除されるような風潮になっているからです。内面の信仰の自由と言いましょうか、信仰を告白しない自由も認めてほしいと主張したいですね。教団に問題行為があれば批判は受けます。しかし、その問題行為と関係のない個人の信仰、その内面の自由については認めてほしい。今は、中世の魔女狩りのように、統一教会と少しでも関係したものはすべて排除するという社会の雰囲気があります。もちろん、マスコミの姿勢も同じです。日本の江戸時代にもあったキリシタンを取り締まる踏み絵は、背教者から出た恐るべき、最強の拷問と言われています。その踏み絵のような排除の論理が、現代の日本社会で統一教会の信者に向けられているのです。宗教の自由をめぐる様々な試練を経てきた現代に、こんなひどいことが起きていることに憤りを感じています。

そんな視点で広報活動をしてほしいと思います。現役信者たちの苦境を思い、私も辛い思いをしています。

一方で、これがとても重要なんですが、教団は徹底したコンプライアンス宣言、つまり法令遵守宣言を出すべきだと思います。広報部は社会との接点であり、広報の視点で、組織上層部にコンプライアンス宣言の必要性を訴えてほしいと思います。コンプライアンス宣言は、信者たちが有罪となった霊感商法事件を機に二〇〇九年に一度出されていますが、その後の経緯を見れば、守られていないのは明らかです。なので、具体的な改善策を盛り込んだ再度の宣言が必要です。ギリシャ時代の哲学者のソクラテスは『悪法もまた法なり』と言って、毒杯を煽って死にました。ギリシャ哲学は、教団が『五大宗教の一致運動』を提唱した際の一翼を担った、大事な哲学です。コンプライアンスは、ソクラテスのような覚悟を持って遵守する必要があるのです。

私は行政書士の資格を持ち、故郷の福知山で事務所を開設しました。行政書士の仕事はまさに法令遵守、コンプライアンス重視の世界です。法令遵守ができない集団のことを、世間はカルトと呼ぶのです。

現在、自民党政府が裁判所に提出している宗教法人法に基づく解散命令申請は、宗教法人としての解散を求める内容です。宗教法人法では、宗教法人に対し免税の特権を与えています。つまり、宗教施設の財産に対する免税、信者からの献金などへの免税です。憲法が定める国民の三大義務の中核とも言える納税の義務。これを宗教法人に対しては免除するという特権です。なぜ、この特権が与えられているのか。それは、もちろん宗教活動を尊重してのことですが、この特権には義務が伴うのです。厳密に言えば、信教の自由とは別の問題として、宗教法人の責任役員及び教職者には、社会のルールに反しない、健全な教団運営をすることが求められているのです。社会の規範に反した教団運営をしないように信者たちを教育し、指導することが求められているのです。違法行為を繰り返す宗教法人に対しては、免税特権を剥奪する。それが宗教法人法の根幹です。ですから、宗教法人の資格を保ち、免税特権を維持するためには、コンプライアンス、つまり法令遵守の方針を徹底する。過去の違反行為についてはすでに謝罪し、被害者への補償が済んでいることを十分に説明し、まだであれば、早急に対応する。教団が宗教法人として解散を免《まぬか》れる道は、これ以外にありません。これは信教の自由の問題というよりも、宗教団体に求められるコンプライアンスの問題なのです。後輩たちには、そこをよく理解してほしいと思います。

　大企業の社長が、社員の深刻な不祥事や組織の不正が発覚すると、記者会見を開いて謝罪しますね。それはコンプライアンスを遵守すると世間に約束するためです。一方で、統一教会は、教団の存亡に関わる深刻な問題が生じているのに、世間の批判にまともに対処できていない。現在の幹部たちは、韓国の教団本部の顔色ばかりをうかがっているように見えます。日本の教団の責任役員たちは、あるいは各地の教会長たちは、自らの責任を果たしてほしい。私は、教団を潰すためではなく、生き残るための提案をしています。そのことを、現役の教団幹部たちにわかってほしいと思います。独善主義の正義は本当に危険で、カルトと呼ばれてしまいます。二〇〇九年に霊感商法に関わった信者たちが逮捕された際には、私は意を決して当時の統一教会長に道義的責任を取って辞任するように訴えました。会長は辞任し、『辞任後は、記者たちに追いかけ回されることもなくなった』と感謝されました。私の解釈では、釈尊の誕生の際の言葉『天上天下唯我独尊』は、自分が他と比べて尊いという意味ではありません。すべての人は等しく生きる意味があるという思想で、独善主義とは真逆なんです。

安倍元首相暗殺事件が起きた時、私はマスコミなどの取材に対し、『教団の責任は大きい』と最初に話しました。事件を機に、教団がマスコミの餌食になり、集中砲火を浴びているのは問題ですが、被告が事件を起こした背景には教団のコンプライアンス違反があります。このあたりをしっかりチェックし、コンプライアンス遵守の姿勢をもっと鮮明に打ち出すことが必要だと思います」

第9章

自民党との「絶縁」を求める

懺悔 その11

「これまで非常に長い間、自民党とは特別な関係にありました。腐れ縁と言ってもいい。しかし、二〇二二年まで延々と続いてきた、この腐れ縁に対し、もはや懺悔するしかありません。はっきり申し上げれば、自民党に対して恨み骨髄に徹す、です。あれだけ統一教会に世話になっていたのに、都合が悪くなれば、手のひら返しです。自民党の議員たちの多くは見下げ果てた人間であり、自民党という政党は見下げ果てた組織です。統一教会がこれまで半世紀にわたって自民党を支援し続けてきたことについて、いくら懺悔しても、懺悔しきれません」

　旧統一教会と自民党との親密な関係は、半世紀前に岸信介氏の協力で国際勝共連合が結成された当時から続いている。大江益夫さんによると、国際勝共連合が陸上自衛隊の元幹部らを選挙で組織的に応援したのは一九七〇年代の後半だった。次いで、東京都知事選挙で革新系の美濃部さんに対抗する石原慎太郎さんの陣営を応援した。当時、太平洋ベルト地帯で革新系の首長が次々に誕生しており、強い危機感を抱いた旧統一教会は、自民党を中心とした保守系候補の応援に取り組んだ。さらに、一九八〇年代の半ばからは、自民党の各議員に勝共秘書団を送り込み、候補者への大規模で組織的な応援を始めた。勝共秘書団は、統一教会の信者の中から優秀な人材を選抜して養成していた。その結果、一九八六年の衆参ダブル選挙では、自民党は公認候補だけでも三〇〇議席を獲得し、結党以来、最多の議席を記録した。参院でも過半数を大きく上回る議席を確保した。この選挙の後、国際勝共連合の機関紙である『思想新聞』は「国際勝共連合の特別会員と顧問」として、一二〇人の衆議院議員、一〇人の参議院議員が誕生した、と発表した。

一九九二年に有名歌手やスポーツ選手が信者として、合同結婚式に参加することが報じられたのを機に、統一教会批判が高まると、一時的に自民党との関係は薄れた。しかし、そうした批判が下火になると、すぐに復活し、選挙などでの応援体制が続いてきた。ところが二〇二二年七月に、安倍晋三元首相が旧統一教会の信者の家族に銃撃され死亡するという事件が起き、教団への批判が一気に高まった。自民党は豹変し、旧統一教会批判の世論に押される形で、政府が旧統一教会を対象として、宗教法人解散命令請求を申請した。その後、自民党で裏金問題が起きた。

――旧統一教会が自民党を応援してきたことについて。

「自民党は今、自分たちが生き延びるために、統一教会との関係をすべて断ち切り、〝教団とは無関係〟と世間にアピールしています。あれだけ、教団の世話になっておきながら、ひどいものです。選挙などで組織をあげて協力してきたのに、まるで手のひら返しです。そのような人たちとは、こちらから縁を切らせていただく。こんな連中、こんな政党をなんで応援しなきゃならんのか。こっちから願い下げです。これが私の本心です。教団の現在の幹部たちにも、腹を括ってほしいと思っています」

――なぜ、これまで自民党を応援してきたのか？

「自民党は党是に憲法改正を掲げてはいました。家庭も大切にすると言っていた。これが、私たちの考え方と一致していたからです。だけど、口だけですね。憲法を変えようと本気で思っている議員なんてほとんどいない。家庭も大切にしない。私たちは、彼らが憲法改正を主張しているから、それを実現するために協力してきた。その結果がこのザマです。今からでも遅くない。統一教会は独自の政党をつくったらいいと私は思います」

――なぜ、自民党との関係が深みにはまったのか？

「最初のころ、つまり一九七〇年代には、今問題になっているような自民党議員に対する応援はあまりやっていませんでした。私は元左翼の人間なので、元々自民党は好きではなかった。まあ、それは別問題ですが、自民党議員には骨のある人間があまりいませんでした。一九八〇年代の最初のころ、私たちは国際勝共連合を中心にして、ソ連や北朝鮮、中国が日本に武力侵攻してきたらどうするのか、と考えていたのですが、自民党政府で戦えるのか、と考えてみると、全然信頼できなかった。なので、自民党を網羅的に応援するのではなく、自衛隊幹部出身の議員を応援し、岸信介氏や福田赳夫《たけお》氏、安倍晋太郎氏ら信頼できる政治家と良好な関係を築くことに腐心していました。

スパイ防止法制定についても、一九八五年にあと一歩のところまで行ったのに、いわゆる宏池会を中心とするハト派の議員たちによって潰されてしまった。それでも、憲法改正とか家庭の大切さとか重要な政策を実現するために、自民党を応援するしかないと我々は腹を括りました。自分たちの主張を社会で実現するため、政治団体、宗教団体として当然のことです。ですから、一九八六年の衆参ダブル選挙を機に、組織的に大規模に応援するようになったのです。応援にあたっては、個々の候補者との間で、統一教会の教理を学ぶ、勝共連合系の議員であることを認める、などの確認書を取り交わしたのです。最近の選挙でも、憲法改正、家庭重視などの政策の確認書を取り交わしていました。しかし、安倍元首相暗殺事件を機に、教団への批判が高まると、彼らは知らんぷりを決め込んだ。確認書や教団の関連団体などに出席した写真などが表に出ても、『知らなかった』『何のことかわからない』と逃げ回る。それどころか、教団に対する解散命令請求の手続きまでする。今、裏金問題などで自民党が追い込まれているようですが、自業自得です」

――現在の自民党に何を望むのか？

「自民党は自らに対して解散命令請求を出すべし、と言いたいです。そして自ら解党していただきたい、と思っています。自民党が統一教会への姿勢を豹変させたのは、二〇二二年七月に起きた山上徹也被告による安倍晋三元首相暗殺事件の後です。この事件は、山上被告の母親が旧統一教会に一億円超を献金したことに恨みを募らせ、現教祖の暗殺を企てたが、果たせなかったため、安倍元首相を暗殺すれば、教団を潰すことができると考えて実行したという経緯でした。母親は教団への献金によって自己破産し、被告も経済的な困窮に陥る中での犯行だったので、信者に過度な献金を促した教団の責任は認めなければならないと私は思っています。しかし、私と親しかった地元の教会長が独自判断で五〇〇〇万円を返却するなどの対応もしています。教団が安倍元首相暗殺に関わったわけではありません。四一歳の中年男が安倍元首相を逆恨みし、犯行に及んだのであって、この事件のすべての責任を教団に求めるのは理不尽です。ですが現実には、世間は山上被告を英雄視し、マスコミは教団の過去数十年にわたる霊感商法、法外な献金勧誘などの問題を報道し、岸田首相に教団への解散命令請求を出させるような世論ができあがってきました。私も懺悔したように、霊感商法も高額な献金も大問題です。しかし、たとえば二〇〇九年に霊感商法が刑事事件化した時点で、教団は代表役員の引責辞任など、改革の取り組みをしてきた。それは不十分だったかもしれないが、何もしてこなかったわけではありません。そのことを認めていただきたい。それから、過去の関係の一切に蓋をして逃げ切ろうとしている自民党のやり方の汚さをわかってほしいということです」

――過去の改革の効果がほとんどなかったことが問題なのでは？

「それは、そうです。だから、日本の教団が生き残るためには、韓国の教団本部から独立し、自主路線を確立しなければならないことと、その帰結として、韓国の教団本部への送金を全廃することを提案しています。全廃が無理であれば、米国とか欧州各国の教団が韓国の本部に送金する金額に合わせたものにするということです。私は、厳密な意味では信者ではないかもしれませんが、教団の危機にあたって、第三者的な突き放した見方はできないのです。そこのところは、ご理解をいただきたいと思っています」

――自民党の裏金問題についての見方は？

「裏金問題で明らかになったのは、自民党自体がはっきりした不正行為をしていたという事実です。繰り返しますが、自民党は、自らに対して解散命令請求を出すべきだと思います。特に岸田自民党は解体すべきだと私は思います。『岸田自民党』と言ったのは、岸田氏は宮沢、谷垣と続いてきた自民党のリベラル派の系譜にある宏池会で、私は許し難いと常々思っているからです。ですが、宏池会以外の自民党も信頼できると思っているわけではありません。憲法改正などを実現するためにこれまで自民党を支えてきたつもりですが、何も得るものはなかった。だから、今後はどんなに叩かれようとも自前の政党をつくり、自民党に頼らないということが重要だと思います」

――今後、統一教会は政治分野でどんな行動をとるべきか？

「もう自民党には金輪際、頼らない。自分たちの政治目標を実現するために独自の政党をつくるべし、です。この政党の政策は、愛国の義務、自衛隊を防衛軍に名称変更、国家機密保護などを盛り込んだ憲法改正と、家庭倫理の確立です。これまで、それらの課題を実現するために、自民党の候補者と文書を交わし、応援をしてきたのですから、この政策目標の実現を新党の方針に掲げるのが筋というものです。スローガンは、世界の平和は家庭から！　私なら、これらの政策に加えて、日韓トンネルの実現を高く掲げたい。日韓トンネルは日韓両国の人々の関係を改善し、両国の経済発展にも大きく貢献するはずです。党名は順当なところで、教団の名前を生かした『世界平和家庭党』がいいと思います。あるいは、有権者に政策を強調するために『日韓トンネル実現党』としてもいい。

　私は、信教の自由と同様に、また言論の自由と同様に、集会、結社の自由、そして政党を立ち上げる自由があると思っています。文先生は、宗教の看板を下ろすように言い残して他界された。教団は、その遺志に従って名称を変えたのですから」

第10章

赤報隊事件

懺悔 その12

「朝日新聞の阪神支局で小尻知博さんが赤報隊に射殺されてから三七年になります。私の推測では、犯人はすでに死んでいる。自殺か、あるいは病死でしょう。事件は未解決のまま、誰も責任を取らないまま、忘れ去られてゆくことになりそうです。だが、これでは、小尻さんも、その家族も浮かばれません。私は、当時の朝日新聞と統一教会をめぐる様々な状況について熟考し、統一教会に関係した人物が一連の事件を起こした可能性が高いという思いに至りました。私は、信仰によって魂の不滅を信じています。このため、あの世で小尻さんに会わねばなりません。もしもですが、赤報隊の正体が統一教会の関係者であるなら、この世にいるうちに、きちんと謝罪し、懺悔しておかなければ、あの世で小尻さんに合わせる顔がありません。それが、この事件をずっと考え続けてきた私の立場です」

二〇二三年二月二日の衆院予算委員会で、共産党の宮本岳志議員が質問に立ち、警察組織を統括する谷公一・国家公安委員長に対して、赤報隊事件について再調査すべきだとただした。

赤報隊事件は、一九八七年五月三日に兵庫県西宮市の朝日新聞阪神支局で起きた記者二人の殺傷事件をはじめ、東京本社銃撃（同年一月）、名古屋本社の寮銃撃（同年九月）、静岡支局爆破未遂（八八年三月）、リクルート社の元会長宅銃撃（同年八月）など計八件の事件を指すが、いずれも未解決のまま公訴時効が成立している。言論機関に対する戦後最大のテロ事件とされている。

宮本議員は質問の中で、一連の事件が起きる前の八五年五月に、朝日ジャーナルの編集長だった筑紫哲也氏が書いた『多事争論』というタイトルのコラムの一文を紹介した。

「（筑紫哲也氏がコラムで紹介した、編集部宛ての）脅迫状の中身でありますが、『文鮮明さまのためだったら命の一つや二つ捨てたって惜しくない奴がおれたちの仲間には百人以上いるんだ』『いっておくが警察はおれたちの味方だ。おれたちの操り人形だ。おれたちには岸元首相が付いている。まず筑紫哲也のガキどもとその女房、それに臼井記者とかいう奴もその家族から殺してやる』『アカサタンを殺すことだけが生きがいの文鮮明様の使徒より』。このような脅迫状が前段階で送られているわけですから、朝日新聞阪神支局襲撃事件の捜査過程で兵庫県警捜査一課が統一教会、国際勝共連合を調査、捜査したのは当然のことだったと思います。（中略）（一連の事件について）もう一度調べるべきではないのか」として、捜査当局の姿勢をただした。

これに対し、谷公一国家公安委員長は「（一連の事件は）許し難い暴挙で、二度とあってはならないと思っている」と答弁。さらに「公訴時効成立後に捜査を行わないというのが原則」とした上で、「犯人が自ら名乗り出た場合など、特段の事情がある場合には、警察として事実確認などを行うことはあり得ると承知している」と述べた。将来の再調査に含みを残す、異例とも言える丁寧な答弁だった。

――この国会の質疑について、大江さんの見方は？

「脅迫状に統一教会を取材していた臼井記者の名前が出ており、教団の関係者が書いたと見るのが自然でしょう。筑紫さんが紹介した脅迫状には、実は『国際勝共連合』の文字もありました。語弊を恐れずに言えば、組織の内部に潜む愉快犯の仕業だと思います。しかし、こうした愉快犯の挑発が、大きな事件につながる可能性があります。その意味で、予兆のような事案だったかもしれません。そのことは認めた上で、質問した議員が所属する政党については、一言申し上げておきたい。共産党は戦後の一時期、山村工作隊を各地で組織し、暴力革命を呼びかけていた。この党には、脅迫状に漂う独善性と同様の問題があったと私は思います」

一連の事件が起きた時、大江益夫さんは日韓トンネルの事業を担当する国際ハイウェイ建設事業団の事務局長として佐賀県や長崎県の現地の工事事務所などを駆け回っていた。テレビや新聞で流れてくる事件を知り、「万が一、うちの教団が関わっていたら、困ったことになるな」との思いがよぎったという。その後、一九九三年に広報部長に就任してからは、警察の捜査やマスコミの取材動向などを慎重に見守っていたという。旧統一教会の系列の銃砲店が全国各地にあった。国際勝共連合の武闘派グループは散弾銃を持ち、クレー射撃などの訓練をしていた。国際勝共連合には諜報部隊もあって、危険な諜報活動に従事していた。犯行に使用された散弾銃は銃身が短く切断されていたが、精密に切断するためには設備が必要だった。これらのことは、旧統一教会にとって、事件への関与を疑われる要素だと心配していた。大江さんは、国際勝共連合の渉外局長だった時代から、右翼団体の幹部らと交流があったが、あれほど完璧に事件をやれるのは右翼グループにはいないのではないのか、と思っていた。

――赤報隊が旧統一教会の関係者である可能性の根拠は？

「赤報隊が起こした一連の事件を考えると、犯人はごく少数のグループで、散弾銃を持ち、その訓練を積んでいます。犯行や逃走の巧みさ、犯行声明文の完成度などから、組織的な背景があるとみるべきでしょう。統一教会が組織した国際勝共連合、特に秘密裏に活動した武闘派は、散弾銃などの射撃訓練を積んでいたし、自衛隊での入隊訓練も受けていた。私の推測では、そうした武闘派、あるいは武闘派的な人間は四〇〇人ほどいたと思います。これは、三島由紀夫氏が率いた『楯の会』よりもはるかに多い。一連の赤報隊事件が起きた当時、霊感商法やスパイ防止法制定推進への批判キャンペーンなどで、朝日新聞社と統一教会の対立はピークに達していた。統一教会や国際勝共連合が組織的に事件を起こしたとは思わないが、組織の末端のグループが暴発した可能性があると考えているのです。樋田さんが書かれた『記者襲撃』で、私の盟友だった河西徹夫さんが朝日新聞の取材に対して『国際勝共連合あるいは統一教会が組織として関わっていたという事実はない。当時、国際勝共連合の中枢にいた人間として断言できる。ただし、末端の信者が暴発した可能性までは分からない』と発言していますが、私も彼と同じ意見です」

――赤報隊からの犯行声明文は右翼的な思想で書かれていたが。

「国際勝共連合であれば、右派系の政治団体として届出・登録しており、右翼団体との共闘、共同行動も日常的にしていました。私自身も国際勝共連合にいた時には、大物右翼の笹川良一氏とは面識があったし、『記者襲撃』に出てくる大阪の大物右翼の畑時夫氏とも懇意にさせていただきました。こうした事情で、国際勝共連合のメンバーが右翼を装うことは難しくありません。また、私が実際に右翼の皆さんとお付き合いをしてきた経験から、右翼の人たちの中には、赤報隊はいないだろうと思っています。

まあ、『楯の会』は、代表の三島氏と会員の森田必勝氏が陸上自衛隊の市ヶ谷駐屯地で自決している。朝日新聞社の役員応接室で拳銃自決した野村秋介《しゅうすけ》氏の周辺にも、骨のある活動家がいるとは思います。しかし、一連の事件は用意周到に準備され、散弾銃の腰だめの撃ち方や、銃身を短く切ったものを用意したことなどを含め、プロ中のプロの犯行です。警察の捜査も及ばなかった。だから、複数の右翼の人たちが、朝日新聞の取材に対して、『これは国際勝共連合しかできない事件だ』と答えていた、答えざるを得なかったのだろうと思います」

――国際勝共連合の武闘派とは？

「樋田さんの本では『秘密部隊』、あるいは『特殊部隊』と書かれていましたが、私の認識では武闘派でした。メンバーは、私のような元左翼、あるいは自衛隊出身者、さらに若い信者の中から思想的に堅固だとして選ばれた者たちで構成されていました。実際問題として、キリスト教や仏教から統一教会に来た人間は、散弾銃の訓練には向いていなかった。私たちは、普段から散弾銃の訓練をしていたし、自衛隊への体験入隊などを重ねていました。私たちの認識としては、共産勢力の侵略に対処するための民間防衛隊であり、後方支援部隊でしたが、それでも、命がけの兵士の一人であることに変わりはありませんでした」

――犯人像をもう少し具体的にお聞きしたい。

「具体的な人物を念頭に置いているわけではありません。なので、あくまでも私の推測であることを予《あらかじ》め言っておきます。国際勝共連合の事務総長だった宮下昭彦さんが指揮をとっていた武闘派は、信者から優秀な人材を選抜するのですが、陸上自衛隊出身者が信頼されていました。とりわけ習志野空挺部隊は、陸自のエリート部隊で、思想的にも身体的にも優れた人たちだという認識でした。

武闘派のメンバーたちの一部は、ソ連や中国、北朝鮮などの政府の関連団体などに出入りして極秘情報を取る諜報活動も担っていました。これらの任務は、常に危険を伴います。実際、素性がバレかけて危ない目にあったケースもあったと聞いています。だから、情報の管理が徹底していました。具体的には、彼らは信者名簿に名前を掲載されませんし、連絡は縦の線だけで、仲間同士の横の連絡は厳禁です。家族や友人にも身分を明かすことはありません。こうした活動をしている人間の存在について、私は多少は知っていました。それは、私が国際勝共連合の渉外局長として、自衛隊幹部との付き合いに加え、裏部隊の動きに関わる機会があったからです。ですが、知らないのが一番でした。知らなければ、ずっと口を閉じていることができます。もちろん、彼らに会うことは絶対にしない。そうした世界で動いている人間であれば、赤報隊として事件を起こしても、そのまま闇の世界で生き、死んでいくことができる。私は、そう考えたのです。繰り返しますが、そこまでやれる人間や組織は右翼の世界には存在しない、ということです。

　朝日ジャーナルに送られた脅迫状などに触発されて、末端の信者や『武闘派』の間で朝日新聞への憎悪が高まる中で、事件は起きています。樋田さんが『記者襲撃』で指摘しているように、犯人は数人のグループで、阪神支局に侵入した男だけでなく、逃走を手助けした人物や、犯行声明文を書き、一連の犯行を指示したリーダーがいたと私も考えています。そして、犯行を指揮したリーダーは武闘派を中心とした末端の信者である可能性があると思いますが、記者を散弾銃で射殺した実行犯は闇社会のヤクザ組織の人間が絡んでいるかもしれません。あの非情な犯行は、闇社会の人間でなければできないように思うからです。もちろん、犯行を指示、依頼した人物も共同正犯であり、罪を逃れることなどありえません。唐突だと思われるかもしれませんが、その教団側の『関係者』と闇社会の関わりについても、なかったとは言い切れません」

——赤報隊が旧統一教会の関係者でないという可能性は？

「もちろん、その可能性はあります。朝日新聞の皆さんが犯人を見つけるか、あるいは犯人が名乗り出れば、無関係の人間だったということは十分にありえます。私が少し引っかかっているのは、『記者襲撃』の冒頭に書かれている、フィクション部分の記述です。この部分は、樋田さんが犯人になり代わる形で、赤報隊が執拗に事件を繰り返す経緯が書かれています。一九八七年一月に起こした東京本社銃撃は、建物の壁に散弾を撃ち込んだだけの『脅し』のような事件だったのに、それから約三か月後の五月三日に阪神支局での記者殺傷事件を起こしている。つまり、犯行内容が一気にエスカレートしています。重傷を負った記者も死んでいたかもしれない。そうだとすれば、複数の殺人ですから死刑になります。単なる、ヤクザの『ガラス破り』のような事件から、殺人事件に飛躍した理由がわからないのです。

樋田さんの記述では、最初の東京本社銃撃事件の後、犯人側は犯行声明文を時事通信社と共同通信社に送ったのに、事件は一行も報道されなかった。つまり、マスコミが寄ってたかって事件をもみ消した。赤報隊のリーダーはそう考えて激怒した。その怒りが次の殺人事件を引き起こした。そうした推理が書かれていますが、その場合、東京本社銃撃の実行犯と、阪神支局で記者を射殺した実行犯は別々だった可能性もあると思います。後者の残虐な事件は闇社会の人物が請け負ったとしか考えられない。私としては、そう思いたいのです。無抵抗の人間をいきなり射殺することは、私たちの信仰観、死生観とは全く相容れないのです。少なくとも、私の信仰観が受け入れません。宗教者はこんな発想をすべきではないと私は思うのです。

もっとも、朝日新聞社がサタンに支配されていると考えれば、サタンを排除し、神側の教団を守るためには、何をしても許されるという発想が、武闘派などの末端の信者の中にはあったかもしれません。あるいは、信者である犯人の心にサタンが入り込み、犯行に至ったと考えることも可能かもしれません。もちろん、教会を守るためには何をしても許されるという発想があるとすれば、それは根本的に間違っています」

――大江さん自身は赤報隊の犯行を肯定するのか？

「それは、ありえません。教団では『霊人体』という言葉を使うのですが、人間には、永遠の生命があると私は考えています。死後、魂は肉体から抜けても、『霊人体』の世界、そして『霊界』があります。その死後の世界に、何の落ち度もないのに殺された小尻さんの霊も存在しています。残された家族の悲しみもあります。魂は不滅だと考えれば、理不尽な事件を起こして、それを隠し通すことなどできないのです。だから、あのような事件は絶対に起こせません。また、あの事件を起こした人間を許すことはできません」

――大江さんは小尻記者に謝罪したいという。その理由は？

「何度も考えてきたのですが、誠実で、善良で、家族思いの小尻さんを殺した犯人たちは、あの世でどう申し開きをするのか。この世でも、のうのうと生きることができるのか。そんなことなどできないはずです。だから、犯人は自殺したか、病死したのではないのか、と私は考えているのです。犯人は、小尻さんと家族に謝罪すべきなのです。私は、小尻さんを殺した犯人が教団の関係者である可能性があると考えていますから、その犯人がこの世で、あるいはあの世でのうのうと生きることが許せないのです。なので、犯人が口をつぐんでいるのであれば、私が犯人の代わりに、謝罪しなければならない。そう考えるのです。絶対に謝罪が必要です。そうでなければ、私はあの世で小尻さんの霊と会うことができない。だから、この世にいるうちに、謝っておきたいのです。私にとって辛いのは、霊界があるということです。永遠の命があるということです。これが、辛い、苦しい。犯人が死んでしまえばそれで済む、というわけにはいかない。必ず誰かが責任を取らなければならないのです」

第11章

今後の教団について

懺悔 その13

「教団の行く末を思う、私の独白です。それを、どう受け止められようとも構いません。先日、イスラームを信仰する友人に会った際、『今度、懺悔録を世に出すんです』と伝えますと、この友人は『その本が出たら、大江さんは殺されますよ。とても心配です』というんです。私は、『その覚悟はできております』と答えておきました。自分が信じた宗教を批判的に論じることは、それほど危険なことであるということを私は自覚しています。自覚した上で、今後の教団のあり方について語ろうと思います」

――世界平和統一家庭連合の今後について？

「文先生の奥様が二代目教祖を継がれて、ご苦労の連続で、一二年が経ちました。そろそろ三代目が立たれる時を迎えます。その時が本当の正念場となるはずであり、希望があると思っています。これが、信者としての礼儀を守った、いわば公式的な見解です」

――では、本音のところでは、どんな考えなのか？

「長い話になります。まず、文先生は晩年、もう宗教の看板を下ろすとはっきりおっしゃっていました。世界の情勢を見ても、宗教の弊害が現れています。文先生も、人類の最終戦争は自由、共産の両陣営の第三次世界大戦ではなく、ユダヤ、イスラームをはじめとする宗教戦争であるとの見解でした。文先生が亡くなられた三年後の二〇一五年に、教団の名前が世界基督教統一神霊協会から世界平和統一家庭連合に変わりましたね。韓国では、文先生のご存命中の一九九七年に変更されています。私の理解では、これは、統一教会の評判が悪いから、世間の厳しい目を逸《そ》らすために名前を変えよう、などと考えたわけではありません。教団の名前の変更は、生前の文先生が残した最後の指示によるものだったのだと思います。変更前と変更後を見比べれば一目瞭然ですが、『基督《キリスト》教』という文字と『神霊』という文字が消え、代わって『家庭』という言葉が入っています。宗教も宗教組織もいらない、教会も必要ではない、これからは家庭を拠《よ》り所にして、家庭が祈りの場になればいい、というのが、文先生の最後の教えだったのです。私は約二〇年前に、文先生が提唱した『還故郷（ふるさとへ帰ろう）』運動に従って、この福知山の山里に帰りました。ムラの人たちと仲良くし、地区の自治会役員や民生委員などを務めさせてもらっています。

晩年の文先生は、私たちに国のメシヤではなく、氏族のメシヤ、日本流に言えば、一族のメシヤを目指せとおっしゃった。故郷に帰れ、田舎で地道に伝道せよ。これが文先生の遺言でした。文先生の穏やかな言葉であり、私には納得がいきます。ムラの先輩たちからは『寄り合いの席などで宗教の問題は持ち出すな』と言われていますが、私が地道に生きる姿が、近隣の人たちに伝われば、それでいいのです。

ところが、跡を継いだ奥様、第二の教祖様は再び、宗教的になっておられます。そして、韓国に総本山の施設をつくるために必死になって動いておられる。誠に失礼ですが、私は、立派な施設なんていらないと思います。宗教にとって大切なものはそれではない。少なくとも、箱物を急いでつくる必要はないのです。立派な総本山をつくるには先立つ物、つまり莫大な資金が必要です。その資金を捻出するために、再び、日本の信者たちが犠牲になる。そんな事態が目の前で起き始めています。もう悲劇を繰り返さないでほしい。これが私の本音です。

イスラームは、キリスト教の二倍の信者がいるそうです。イスラームは偶像崇拝を否定し、メッカの広場も、質素なつくりの神殿があるだけです。彼らは、キリスト教信者が持つ十字架についても「偶像崇拝の一つ」と批判しているほどです。そして、姿や形のない、目には見えない神の目を畏《おそ》れるのです。私は、そうした意味では、イスラームを大変評価しています。

統一教会に存在している教理と信者の二重構造も、看過できない深刻な問題です。数年前に『先祖を幸福に導く先祖解怨・祝福』（光言社）という信者向けの本が教団側から出版されました。先祖を不幸にしている怨を解くことの必要性を訴える内容です。

報道や内部情報によれば、先祖の解怨のため、一代前から七代前、八代前から一四代前まで、それぞれの解怨にまとまった献金が必要で、それ以降も七代ごとに三万円の献金となっており、それが四三〇代まで続くわけです。

最初に思うのは、四三〇代というのが途方もない数字だということです。一代あたりの年限を三〇年とすれば、四三〇代で一万二九〇〇年ということになります。一代を二〇年としても八六〇〇年です。私たち大江一族の長老が著した本でも、大江一族がたどれるのは三〇〇〇年です。旧約聖書でさえ、アダムとエバの楽園追放に始まる人類の歴史は六〇〇〇年と数えられています。旧約聖書や原理講論が説く人類の六〇〇〇年の歴史を、解怨の教えは四三〇代に置き換えてしまっている。これはもう、韓国人や日本人には受け入れられるかもしれませんが、欧米の信者にはとても受け入れられません。無理のある理屈なんです。その無理が、韓国と日本の教団と信者のみを対象とした解怨献金制度になり、エンドレスの献金制度にエスカレートすることを心配するのは、私一人ではないと思います。

先祖解怨のために献金が必要と説くことには大きな問題があります。中世のカトリック教会が信者に販売した免罪符と同じで、その二の舞になりかねないからです。免罪符は教皇や司教が発行し、信者が購入することで、罪の償いができるとされました。購入者は、自身や他者の罪を赦《ゆる》すことができ、煉獄《れんごく》からの解放や死後の楽園への道が開かれると信じられていました。しかし、この免罪符の販売が教会の権威を損なう要因となり、ルターが糾弾して、宗教改革が始まったのです。地獄で苦しんでいる先祖を救うためには、霊的力のある大理石製の高価な壺が絶対に必要としていた霊感商法の復活といわれても仕方がない、と私は思います。

　教団の勅使河原秀行改革推進本部長が最近、『一〇万円以上の献金には家族の同意が必要』などという改革を進めているようです。そうした対策は必要だとは思いますが、もっと求められるのは精神的な改革です。献金しないと地獄に堕ちると脅すのではなく、地上天国を建設するためにできる範囲での献金を、と呼びかける。その場合の地上天国は、あの豪華な箱物の施設のことではなく、信者の心の中の天国、信者の心を豊かにすることによってつくる新たな神の国です。信者を脅すのではなく、神を信じることによる喜びを与える。奪うのではなく、与える。世界中の人たちが心豊かに暮らすという本来の意味の地上天国をつくりましょう。そう呼びかければ、皆さん、喜んで献金されるでしょう。私も喜んで献金します。難しいことを言っているわけではありません。日本の統一教会が経済活動重視に舵を切った一九七五年以前の状態に戻ればいいだけの話なのです。一九七五年以前、統一教会は上から下まで同じ教理でした。問題はいろいろあっても、同じ土台に立っていました。清貧な生活の中で、祈りと伝道の日々を送っていました。

一九七五年以前、私たちは毎夜の祈祷会で、イエス様の十字架の痛みを我が痛みとし、私たちの痛み、人類の痛みを背負って十字架にかけられたイエスさまを一心にお慰めしていました。祈りの中で、天使ミカエルがいつも降りてきて、教会長の口を通して、私たちに語りかけていました。まさに神霊協会でした。そんな日々に戻ればいいのです。

献金しないと地獄に堕ちる、先祖が地獄から抜け出せないと脅すような宗教活動はしない。これが、本当の意味のコンプライアンスのはずです。教団が覚悟を決めて、あの時代に戻ればいいのです。日本の教団として、自主独立の路線を確立すればいいのです。日本共産党も戦後の一九五七年、それまで国際共産主義運動を指導してきたソ連の支配を拒否し、自主独立の路線を確立しました。宗教と政治の違いはあっても、同じことだと私は思います。

宗教というものは、かくも難しい。ちょっと間違えると、大変なことになる。とりわけ新興宗教には、そうした怖さがあります。オウム真理教も、仏教思想に基づくという万人の救いを標榜《ひょうぼう》しながら、地下鉄サリン事件をはじめとする恐ろしい事件を引き起こし、多数の市民が犠牲になり、教団も麻原彰晃教祖をはじめ多数の幹部たちが死刑となる結末を迎えてしまいました。統一教会はオウム真理教とは違います。しかし、新興宗教が持つ危うさは抱えてきました。かなり前からの私の持論ですが、新しい宗教の教祖というのは、四〇代、五〇代はまだまだ若いんです。若い教祖にはいろいろな誘惑というか、サタンのささやきがあり、時に道を誤ることが生じます。若い時代の文先生にも、そうした危険な言動、危険な指示、危険な行動などがあったはずです。ですから、私は文先生に対しては、孔子様のように、早く七〇歳を超えていただきたいとずっと願っていました。晩年の文先生は穏やかになりました。亡くなったのは九二歳でしたが、最後には『宗教はいらない。教会も不要。家庭が祈りの場になればいい』とおっしゃった。私は文先生の最後の言葉に心から納得しています。

　過ぎ去った日々を振り返れば、反省ばかり、懺悔ばかりです。文先生は『七〇歳を過ぎたら、土とともに生き、日々自分の人生を悔い改めながら、天国に入る準備をしなさい』とおっしゃっていました。私は、文先生の言葉を守りながら、我が故郷の大江山の近くの山里で、妻と二人でつつましく暮らしています」

エピローグ

私は長年、旧統一教会を取材する中で、元信者から度々こんなことを聞いた。

「統一教会を完全に抜けたかどうかを見分けるには、その人が文鮮明教祖のことをどう呼んでいるかでわかります。私は文鮮明と呼び捨てにし、人々をかどわかすペテン師だと言い切っています。抜けていない人には、そんな呼び方はできません」

その判断基準に立てば、文教祖のことを「文先生」と呼ぶ大江さんは、少なくとも心情的には信者をやめていない。大江さんは信者の側に立って、旧統一教会の数々の過ちを指摘し、過ちに自身も関わってきたことを認め、懺悔した。そのことの深い意味を、多くの人たちにわかっていただければと願う。

大江さんは心情的には今も信者だと思う。このため、大江さんが本書で述べた旧統一教会批判について、「生ぬるい」「元凶の教祖を批判できていない」などの厳しい声も予想される。しかし、私を含めて、人間は自分の人生をそう簡単には全否定できない。その意味では、カルト的な宗教の信者も、爆弾テロに走った過激派の活動家も、そして市井の人々も、本質的には変わらない。その上で、それぞれの人生にどのように向き合ってきたかが問われているのである。

大江さんの宗教的、あるいは思想的な立ち位置はかなり複雑である。矛盾を孕《はら》んでいるようにも思えるが、私はこう理解している。まず、大江さんは文鮮明教祖を尊敬する一方で、旧統一教会という教団組織には不信の念を持ち、教団と信者たちの行く末を案じている。教団が生き残るためには、コンプライアンスこそが問われている。平たく言えば、この社会のルールを守れるかどうか。その当たり前のことを守ることが何よりも大切だ、と訴えている。

政治的、思想的には、大江さんは保守、あるいは右翼に近い立場である。日本を共産主義勢力から守るため、憲法を改正し、自衛隊を防衛軍に改め、スパイ防止法の制定と強化が必要であると主張している。ここまでは旧統一教会の政治姿勢とほぼ一致している。しかし、大江さんは左翼理論の総元締めともいうべき資本論を著したカール・マルクスの思想にも惹かれており、マルクスが説いた理想は旧統一教会が掲げる理想と一致すると考えている。ただし、一般的にマルクス主義者とされているレーニン、スターリン、毛沢東などの革命家については、反対派を次々に虐殺した独裁者であり、彼らが樹立した共産主義体制は、大江さんが命をかけて闘うべき敵だった。とはいえ、レーニンやスターリン、それにトロツキーらの冷徹な戦略、戦術は、日本で反共国家をつくる際に学ぶべきことが多いとも考えていた。このややこしさは、大江さんが若いころに共産党系の青年組織の熱心な活動家だったことに由来すると思われる。正直に言えば、私の理解を超える部分もあり、彼の考え方に全面的に同意しているわけでもない。

しかし、その複雑な思考回路を経て、旧統一教会とともに歩んだ人生について懺悔する覚悟を固めた。大江さんは懺悔の中で、旧統一教会と国際勝共連合の背後に存在する闇の世界を明らかにした。赤報隊事件の背後にも深い闇の世界が広がっている。大江さんは、これら二つの闇の世界がどこかで重なっている可能性を指摘した。

安倍晋三元首相の暗殺事件以来、旧統一教会は世間の厳しい批判にさらされている。「旧統一教会には、（凶悪事件を起こした）オウム真理教と同様に、宗教法人として解散を求めるべきだ」という声がある。しかし、自民党政府が裁判所に提出中の解散命令請求が認められた場合でも、宗教法人格を剥奪され、税法上の優遇を受けられなくなるものの、任意の宗教団体としては存続する。布教活動も献金集めも自由にできる。旧統一教会と自民党の長い癒着の歴史を考えれば、ほとぼりが冷めたころに両者の関係が復活する可能性も捨てきれない。

少なくとも、両者の関係の将来について、結論を出すべき時ではない。そうした事情を踏まえればなおさらのこと、旧統一教会は反社会的なカルト集団だと切って捨てるだけでは問題は解決しない。

旧統一教会が宗教法人として解散を免れる道があるとすれば、大江さんが言うように、教団が過去、現在、未来にわたって徹底したコンプライアンスを再宣言し、誠実に実行し、社会の信頼を取り戻す以外にはないと私も考えている。

フランスにカルト規制の法律がある（フランス語では「反セクト法」という）。旧統一教会がフランスで布教し、社会問題となったことも、この法律ができるきっかけの一つになったとされている。この法律がつくられる過程では、反社会的存在とされるカルトを教義の面から定義し、規制することについて議論された。しかし、フランス革命以来、政教分離・信教の自由を国是とする同国では、宗教への弾圧、干渉になりかねない法律の制定には異論があり、議論の末に、教義等ではなく、あくまでもその団体の行為をとらえて規制することになったとされる。法律の正式名称は「人権及び基本的自由の侵害をもたらすセクト（カルト）的運動の防止及び取り締まりを強化するための法律」とされ、カルト現象を識別する基準として、以下の一〇項目を挙げている。

①個人の精神の不安定化
②法外な金銭の要求
③元の生活からの引き離し
④身体への加害
⑤児童の強制加入
⑥なんらかの反社会的言質
⑦公序への侵害
⑧多大な司法的闘争
⑨通常の流通経路からの逸脱
⑩公権力への浸透の企て

一言でいえば、人権侵害の有無、及び大江さんの言うコンプライアンス、社会的なルールに逸脱する行為があるかどうかを識別基準にしているのである。この反セクト法は、セクト

（カルト）と認定した団体に対し、資金募集禁止、事務所閉鎖、団体解散などを科すことができる。しかし、これまでのところ、フランス政府がこうした罰則を宗教団体に適用したケースはない。「あたり前の社会ルールを守らない団体のことを、世間ではカルトと呼ぶ」「教団がカルトであっていいのか」という大江さんの訴えが、教団幹部、信者の皆さんをはじめ、多くの人たちの心に届くことを願っている。

◇　◇　◇

最後に、大江さんから以下の手紙が届いた。

「私は、昔から一言多いというか、教団のあり方に苦言を呈してきました。そんなこともあって、やはり教団から疎まれていた信者仲間の一人から、『君は一代記を書くべきだ』と強く勧められていたころに、樋田さんとの出会いがありました。

私が大腸ガンの手術を終えて退院したころ、樋田さんが自宅に訪ねてきたのです。手術後の経過報告や安倍元首相へのテロ事件などを話し合いながら、統一教会のコンプライアンス問題に話題が発展しました。教団としても反省すべき点は多々あると私が話したところ、彼は『懺悔録として世に出したらどうか？』と提案してきたので、私は『わかった』と答えてしまったわけです。

私は過去に二度、教団への諫言《かんげん》を試みました。最初は一九九九年、信者からの高額献金の受け取りを自粛すべきだと訴えたのですが、無視され、左遷されました。二度目は二〇〇九年、霊感商法に関わった信者たちが逮捕され、教団がコンプライアンス宣言を出した際に、当時の統一教会長に引責辞任を求めました。この時、会長は辞任しました。そして今回が最後の諫言になります。

私は宗教者の端くれとして、死者への慰霊、鎮魂の思いを大切にしています。早稲田で革マル派のリンチで死亡した川口大三郎君への慰霊を続けてきました。『彼は早稲田で死んだ』を読み、樋田さんが川口君への慰霊の思いを抱いて本を書かれたことがよくわかりました。そして、川口君と原理研究会、早稲田学生新聞などとの接点について正確に書かれていたことについても、感謝の気持ちを抱いてきました。さらに、別の著書『記者襲撃』の記述にも感銘を受けていました。朝日新聞阪神支局で殺害された小尻知博記者への鎮魂の思いを貫かれた本であり、事件の取材班のキャップとして、敵であるはずの右翼の人たちを徹底取材されていました。

統一教会についての取材も同様でした。しかも、身内である朝日新聞社の幹部と統一教会系の世界日報の幹部の問題のある関係についても書かれていた。それで、樋田さんは信頼できる人だと思い、彼との対談形式で自分の懺悔録を世に出そうと決めたのです。

京都の山奥にある私の家で取材が続きました。樋田さんが用意した質問に私が答える。それを録音し、テープ起こしした原稿が送られてくると、私がチェックし、送り返す。そんな作業が何度か繰り返されました。正直に申し上げれば、活字になった原稿について、表現を和らげるようにお願いしたり、削除をお願いしたりした箇所もかなりありました。教団の幹部やかつての仲間たちの怒りが予想されるポイントがわかるので、そこはできるだけ避けようという意識が働いてしまうからです。しかし、それでも、私が日頃から思っていることの多くは言葉として残すことができ、私の人生をかけた懺悔録になったと思っています。

私には幸いなことに、親から受け継いだ田舎の家や山林、田畑が残っています。娘たちも大学へ進学させてやることができました。信者集団の中で、私が恵まれた側にいたためだと思います。とはいえ、私も教団関連の組織で働いたり、離れたり、左遷されたりする中で、決して安定した収入を得てきたわけではありません。妻が常に、数軒の料亭の仲居として働き、家族の暮らしを支え続けてくれた。そのおかげで、なんとか娘たち三人を育てることができた。妻には感謝の言葉しかありません。

私が教団を批判する本を出すらしいという話は、またたく間に教団幹部やかつての仲間たちの知るところとなり、『お前は何を考えているのか』『教団を潰す気か』などの詰問口調の電話が連日かかってくるようになりました。出版を思いとどまらせるための、東京からの訪問者も度々あります。

かつて、元世界日報編集局長の副島嘉和さんが教団批判の手記を月刊雑誌に公表し、その雑誌が書店に並ぶ直前に何者かに襲われた事件になぞらえて、『第二の副島事件になるぞ』と脅したかつての仲間もいます。イスラームのムハンマド開祖を揶揄した人物が殺された事件も国内外で起きており、イスラームの友人は私の命を真剣に心配してくれています。

私は熟慮の上、この『懺悔録』の出版社が決まり、印刷開始を確認できたら、教団に正式に退会願いを提出し、評議員を務めている国際ハイウェイ財団に対しても評議員の辞職届を送ることにしました。

私は『禁酒・禁煙』という教団の戒律をろくに守らない、いい加減な信者でしたが、やはりケジメをつけて教団との関係を自ら絶つべきだと考えました。教団と無関係の人間が、好き勝手に教団を批判している。教団の幹部たちが、私の懺悔録を、そのように取り扱っていただいて構いません。私は自分が大江氏族の一員であることにささやかな誇りを持ってきました。日韓トンネルの事業で長崎・対馬に何度も通った際には、平安後期に太宰府と対馬で防人長官を務めた大江匡房《おおえのまさふさ》との縁に思いを馳せてきました。私は死後、統一教会の墓地ではなく、この山里の大江家代々之墓に入ることを決めました」

大江益夫さんは六月二九日、教団に退会願いを提出し、国際ハイウェイ財団にも評議員の辞職届を出した。退会、辞職の理由については「教団を批判した本を出版した責任を取るため」としていた。

（了）

【大江益夫さん経歴】

年	事項
1949年7月2日	京都府福知山市夜久野町で生まれる

【世界平和統一家庭連合（旧統一協会）関連年表】

年	事項
1905年	伊藤博文が初代韓国統監に就任（旧統一教会は植民地化した年と解釈）
1910年	韓国併合
1920年	文龍明氏が生まれる（現在の北朝鮮で）
1941年春	文龍明氏、日本に留学（早稲田高等工学校電気工学科、江本龍明として）
1941年12月	太平洋戦争勃発
1943年秋	文龍明氏、留学を終えて朝鮮へ帰国。大手ゼネコンに電気技師として就職
1945年	日本が敗戦。文龍明氏、北朝鮮で伝道開始。スパイ容疑で逮捕され、強制労働
1950年	朝鮮戦争が勃発し、文龍明氏、釜山へ。伝道を再開
1953年	朝鮮戦争が休戦
1954年	世界基督教統一神霊協会を設立（ソウルにて

1956年 4月	夜久野町立夜久野小学校入学
1962年 4月	夜久野町立夜久野中学校入学
1965年 4月	京都府立福知山高校入学
1965年 秋	日本民主青年同盟に加入。民青新聞を購読
1966年 春	生徒会副会長に立候補し、当選 「京都高校生の集い」を福知山高校で開催。
1966年 夏	国鉄福知山駅前で京大原理研と理論闘争
1966年 8月下旬	統一教会関西地区の修練会に参加、即、入会。京都教会に所属
1967年 春	下宿先で統一教会福知山伝道所を開設

	文鮮明教祖として）
1958年	朴正熙《パクチョンヒ》政権下で反共愛国運動を開始
1958年	日本での布教開始（宣教師として西川勝氏を派遣）
1964年	早大原理研究会発足
1965年	文鮮明氏、教祖として初来日
1967年	文鮮明氏、二度目の来日。本栖湖会談で、笹川良一、白井為雄、畑時夫

1967年 夏	原理研究会全国高校連合の研修会に参加（東京都渋谷区）
1968年	福知山高校を卒業。早成寮に入寮
1969年	早稲田大学教育学部社会科学専修に入学
春	早大原理研の正メンバーに 大学のロックアウト下、勝共思想で理論武装
1971年	早大サークル連合を結成（河西徹夫委員長、大江益夫副委員長） 『早稲田文化』『早稲田学生新聞』を発行
1972年 11月8日	川口大三郎君リンチ殺人事件が起きる。革マル派の犯行 早大原理研は非暴力で断食闘争などに取り組む

	氏らと反共組織結成を合意 朝日新聞に「親泣かせの原理運動」の記事
1968年	国際勝共連合が韓国と日本で相次ぎ発足
1970年	三島由紀夫、森田必勝氏が陸上自衛隊市ヶ谷駐屯地で割腹自決
1970年代前半	太平洋ベルト地帯の自治体で革新統一による首長が次々に誕生 国際勝共連合は革新自治体の伸長に危機感を持つ

	川口記念セミナーハウス建設運動で全国募金活動の事務局長
1975年2月	1800双合同結婚式に参加 川口記念セミナーハウスが完成。事務局長を退任
1975年〜1977年	表舞台から離れ、執筆活動などに専念 ロシア革命史、中国革命史、昭和軍閥の興亡、日本民族と憲法などの研究 行政書士、宅地建物取引士などの資格を取得
1979年	国際勝共連合渉外局長に就任 スパイ防止法制定促進国民会議の総務部長に就任
1980年	参議院議員選挙。全国区の堀江正夫氏の遊説隊長を務める 選挙運動を兼ね、北海道の海岸線などを視察
1982年4月	国際ハイウェイ建設事業団の事務局長に就任

1975年	日本統一教会が経済活動重視にシフト 日刊紙『世界日報』創刊（韓国では1989年に創刊）
1979年	スパイ防止法制定促進国民会議発足（宇野精一東大名誉教授が議長に就任）
1982年	国際ハイウェイ建設事業団発足（久保木修己会長、梶栗玄太郎理事長、大江益夫事務局長） 米国で日刊紙『ワシントン・タイムズ』を創刊

1983年 5月	日韓トンネル研究会設立。同研究会の常任理事に就任 唐津、壱岐、対馬で地質調査と用地買収
1992年	統一教会の広報担当に就任。韓国ソウルで三万双国際合同祝福結婚式 桜田淳子氏ら「祝福三女王」が話題になる
1993年 4月	統一教会広報部長に就任
1999年	統一教会広報部長を退任

1985年	自民党が、スパイ行為等を処罰する法律案を議員立法で国会に提出 同法案は、リベラル派の自民党議員らの反対で審議未了廃案
1987年	朝日新聞阪神支局で記者殺害事件 全国霊感商法対策弁護士連絡会が発足
1992年	韓国ソウルで「三万双（組）国際合同結婚式」。桜田淳子氏ら有名タレントらが参加。教団は「祝福三女王」と宣伝 合同結婚式をめぐる喧騒の後、霊感商法批判報道が続く
1993年	野村秋介氏が自決
1994年	鮮文大学が開校（韓国。1992年に設立の成和大学校が校名変更。1972年設立の神学校が起源）
1995年	オウム真理教による地下鉄サリン事件発生

12月	『統一教会の検証』出版後にブラジル・パンタナールへ赴任
2002年	韓国の鮮文大学へ語学留学
2003年	「還故郷運動」で福知山市の自宅へ戻る
2004年	故郷で行政書士事務所を開設
2009年	一般財団法人国際ハイウェイ財団設立。同財団事務局長に就任
2011年	国際ハイウェイ財団理事長に就任
2017年	国際ハイウェイ財団理事長を退任。同財団評議員に就任
2023年 秋	大腸ガンを手術。年末に行政書士を廃業。現在に至る

2009年	霊感商法で信者逮捕、会長が引責辞任し、教団がコンプライアンス宣言
2012年 9月	文鮮明氏死去。教団は三分裂したが、主流派を韓鶴子夫人が継承
2015年	教団名を世界平和統一家庭連合に変更（韓国では1997年に変更）
2019年	『先祖を幸福に導く先祖解怨・祝福』を出版（光言社）
2022年 7月	安倍元首相銃撃事件。事件の被告は教団の信者の息子で、「教団に復讐するため」と動機を供述

目次・章トビラ・本文（一部）デザイン　板倉　洋
本文図表制作　デザイン・プレイス・デマンド

樋田毅（ひだつよし）

1952年、愛知県生まれ。県立旭丘高校卒業、早稲田大学第一文学部社会学科卒業。'78年、朝日新聞社に入社。高知支局、阪神支局を経て大阪社会部へ。大阪府警担当、朝日新聞襲撃事件取材班キャップを務めたのち、京都支局次長、地域報道部・社会部次長、和歌山総局長、朝日カルチャーセンター大阪本部長等を経て、2012～'17年まで朝日新聞社・村山美知子社主の大阪秘書役を務め、同年12月退社。著書に『記者襲撃——赤報隊事件30年目の真実』（岩波書店）、『最後の社主——朝日新聞が秘封した「御影の令嬢」へのレクイエム』（講談社）、『彼は早稲田で死んだ——大学構内リンチ殺人事件の永遠』（文藝春秋）がある。

旧統一教会《きゅうとういつきょうかい》　大江益夫《おおえますお》・元広報部長懺悔録《もとこうほうぶちょうざんげろく》

2024年8月30日初版1刷発行
2024年9月20日　　2刷発行

著　者 —— 樋田毅
発行者 —— 三宅貴久
装　幀 —— アラン・チャン
印刷所 —— 堀内印刷
製本所 —— ナショナル製本
発行所 —— 株式会社 光文社
東京都文京区音羽1-16-6（〒112-8011）
https://www.kobunsha.com/
電　話 —— 編集部03(5395)8289　書籍販売部03(5395)8116
制作部03(5395)8125
メール —— sinsyo@kobunsha.com

ISBN 978-4-334-10397-2

光文社新書

1292

日本のヴァイオリニスト
弦楽器奏者の現在・過去・未来

本間ひろむ

日本におけるヴァイオリン受容史から、「歴史的名器」をめぐる逸話、新世代の弦楽器奏者まで、「楽器に選ばれし者」の物語。【日本のヴァイオリニスト・ディスコグラフィ30】付録付き。

978-4-334-10198-5

1293

在宅緩和ケア医が出会った
「最期は自宅で」30の逝き方

髙橋浩一

どこで、どのように過ごし、最期の時を迎えるか。希望をどう叶えるか。在宅緩和ケアに取り組んできた医師が紹介する、患者との出会いから看取《みと》りまでの数々のストーリーから学ぶ。

978-4-334-10199-2

1294

スカウト目線の現代サッカー事情
イングランドで見た「ダイヤの原石」の探し方

田丸雄己

育成の進歩、移籍競争の激化、データでの目利きなど、サッカー界の最前線で起きていることを英国で活動する若きスカウトが分析するとともに、謎に包まれたスカウトの仕事を語る。

978-4-334-10221-0

1295

創作者の体感世界
南方熊楠から米津玄師まで

横道誠

天才たちの仕事を読み解く鍵は、発達障害に通じる特性が握っていた？　発達障害と診断された文学研究者が、自身の「感」と「知」で文献を渉猟。「障害」の意味を読み替える「当事者批評」実践の書。

978-4-334-10222-7

1296

大江健三郎論
怪物作家の「本当ノ事」

井上隆史

大江健三郎とは何者だったのか——。「奇妙な仕事」『万延元年のフットボール』『沖縄ノート』など、その作品世界を丹念に追うことで、いまだ明らかになっていない大江像を探る。

978-4-334-10223-4

光文社新書

1297
嫉妬論
民主社会に渦巻く情念を解剖する
山本圭

隣人が、同僚が、見知らぬ他人が羨ましい――。苦しく、みっともない感情にどうしてこうも振り回されるのか。人々を揺さぶる「厄介な感情」を政治思想の観点から多角的に考察。

978-4-334-10224-1

1298
漫画の未来
明日は我が身のデジタル・ディスラプション《破壊的変革》
小川悠介

スマホ向け漫画「ウェブトゥーン」の台頭に、絵を自動で描く「生成AI」の進化。デジタル時代に、漫画はどこへ向かうのか？ 取材を重ねた記者が、経営・ビジネスの観点からその未来図を探る。

978-4-334-10225-8

1299
死なないノウハウ
独り身の「金欠」から「散骨」まで
雨宮処凛

失職、介護、病気など、「これから先」を考えると押し寄せる不安……。各界の専門家に取材し、役立つ社会保障制度などを紹介する、不安な人生をサバイブするための必須情報集！

978-4-334-10226-5

1300
〈共働き・共育て〉世代の本音
新しいキャリア観が社会を変える
本道敦子　山谷真名
和田みゆき

当事者インタビューで明らかになった、〈共働き・共育て〉を志向するミレニアル世代の本音、そして子育て中の男性の苦悩。当事者、そして企業が取るべき対策とは？【解説・佐藤博樹】

978-4-334-10249-4

1301
子ども若者抑圧社会・日本
社会を変える民主主義とは何か
室橋祐貴

変化の激しい時代に旧来の価値観で政治が行われ、閉塞感が漂う日本。先進諸国で若い政治リーダーが台頭している中、なぜ日本だけ変われないのか？若者が参加できる民主主義を示す。

978-4-334-10250-0

1302

子どものこころは大人と育つ
アタッチメント理論とメンタライジング

篠原郁子

ボウルビィが提唱したアタッチメント（愛着）は、子どもにとって重要なすべての大人との間に形成されうる。心で心を思うこと《メンタライジング》をベースに、アタッチメント理論をわかりやすく解説する。

978-4-334-10251-7

1303

頭上運搬を追って
失われゆく身体技法

三砂ちづる

今の日本では失われつつある身体技法「頭上運搬」。沖縄や伊豆諸島ほか日本各地や海外にその記憶と痕跡を訪ねる。生活や労働を支えた身体技法と、自らの身体への理解や意識を考察。

978-4-334-10252-4

1304

定点写真で見る　東京今昔

鷹野晃

江戸・明治・大正・昭和——。東京はいかに変貌したのか。東京を撮り続けて40年の写真家が、「定点写真」という手法を用いて破壊と創造の首都を徹底比較。写真451点収録！

978-4-334-10253-1

1305

バッタを倒すぜ　アフリカで

前野 ウルド 浩太郎

世界中を飛び回り、13年にわたって重ねてきたフィールドワークと実験は、バッタの大発生を防ぐ可能性を持っていた！ 新書大賞受賞、25万部突破の『バッタを倒しにアフリカへ』続編。

978-4-334-10290-6

1306

中日ドラゴンズが優勝できなくても愛される理由

喜瀬雅則

2年連続最下位でも視聴率と観客動員は好調。なぜ順位と人気は相関しないのか？ 優勝の可能性は？ 立浪監督はじめ多くのOBや関係者への取材を基にしたドラゴンズ論の決定版。

978-4-334-10291-3

光文社新書

1307

ダーウィンの進化論はどこまで正しいのか？

進化の仕組みを基礎から学ぶ

河田雅圭

『種の起源』刊行から一五〇年以上がたった今、人類は進化の仕組みをどれほど明らかにしてきたのか。世に流布する進化の誤解も解きほぐしながら、進化学の最前線を丁寧に解説する。

978-4-334-10292-0

1308

中高生のための「探究学習」入門

テーマ探しから評価まで

中田亨

仮説を持て、さらば与えられん！　アイデアの生み出し方、調査や実験の進め方、結果のまとめと成果発信、安全や倫理等を具体的にガイド。研究者の卵や大人にも探究の面白さを伝える。

978-4-334-10293-7

1309

世界の富裕層は旅に何を求めているか

「体験」が拓くラグジュアリー観光

山口由美

旅に大金を投じる世界の富裕層が求めるものは？　彼らの旅のスタンダードとは？　近年のラグジュアリー観光を概観し、安心や快適さではない、彼らが求める「本物の体験」を描き出す。

978-4-334-10294-4

1310

生き延びるために芸術は必要か

森村泰昌

歴史的な名画に扮したセルフポートレイト作品で知られ、「私」の意味を追求してきた美術家モリムラが、「芸術」を手がかりに「生き延びること」について綴ったM式・人生論ノート。

978-4-334-10295-1

1311

組織不正はいつも正しい

ソーシャル・アバランチを防ぐには

中原翔

燃費不正、不正会計、品質不正、軍事転用不正……。組織不正はなぜあとを絶たないのか——。気鋭の経営学者が、組織をめぐる「正しさ」に着目し、最新の研究成果を踏まえて考察する意欲作。

978-4-334-10322-4

光文社新書

1312

経営の力と伴走支援

「対話と傾聴」が組織を変える

角野然生

経営者との「対話と傾聴」を通じ、自立的な企業変革への道筋をつける「伴走支援」の枠組みを、第一人者の実践を基に示す。南山大学教授・中村和彦による、組織開発の視点での解説を収録。

978-4-334-10324-8

1313

英語ヒエラルキー

グローバル人材教育を受けた学生はなぜ不安なのか

佐々木テレサ
福島青史

英語で授業をするEMIプログラム。学部卒業生に日本語や承認の不安を覚える人が出ている。聞き取りを基に内実と問題点を提示。指導教員が多言語話者成長の苦悩と対策を解説。

978-4-334-10325-5

1314

ナショナリズムと政治意識

「右」「左」の思い込みを解く

中井遼

政治的な左右と結びつけられがちなナショナリズムの概念を政治学の知見と国際比較からとらえなおし、日本人の政治意識が世界においてどれだけ普遍的もしくは特殊なものであるか検討する。

978-4-334-10323-1

1315

電車で怒られた!

「社会の縮図」としての鉄道マナー史

田中大介

「バッグが当たってんだよ!」。時に些細なことで殺伐とする電車内。なぜ人は電車でイラついてしまうのか?「車内の空気」の変遷を丹念にたどり、その先にある社会までを見通す一冊。

978-4-334-10351-4

1316

なぜBBCだけが伝えられるのか

民意、戦争、王室からジャニーズまで

小林恭子

大戦による「危機」、政権からの「圧力」、そして王室との「確執」まで――。報道と放送の自由のために、メディアは何と向き合ってきたのか? 在英ジャーナリストと辿る「BBCの一〇〇年」。

978-4-334-10352-1

1317

「ふつうの暮らし」を美学する
家から考える「日常美学」入門

青田麻未

家の中の日常に「美」はあるか？ 椅子、掃除、料理、地元、ルーティーンを例に、若手美学者が冴えわたる感性で切り込む。「美学」の中でも新しい学問領域、「日常美学」初の入門書。

978-4-334-10353-8

1318

フランス　26の街の物語

池上英洋

フランスの魅力は豊かな個性をもつそれぞれの街にある――。美術史家が、人、芸術、歴史、世界遺産の観点から厳選した26の街を訪ね歩き、この国がもつ重層性と多面性を、新視点で綴る。

978-4-334-10354-5

1319

等身大の定年後
お金・働き方・生きがい

奥田祥子

再雇用、転職、フリーランス、NPO法人などでの社会貢献活動、そして管理職経験者のロールモデルに乏しい女性の定年後に焦点をあて、あるがままの〈等身大〉の定年後を浮き彫りにする。

978-4-334-10375-0

1320

日本の政策はなぜ機能しないのか？
EBPM《エビデンスに基づく政策》の導入と課題

杉谷和哉

データやファクトに基づき政策を作り、適切に評価する。当たり前のことのようで、これが難しい。その背景を公共政策学の知見から分析し、「政策の合理化」を機能させる条件を考える。

978-4-334-10376-7

1321

日本の古代とは何か
最新研究でわかった奈良時代と平安時代の実像

有富純也 編　磐下徹
十川陽一
黒須友里江
手嶋大侑　小塩慶

国家や地方は誰がどう支配していたのか？ 藤原氏は権力者だったのか？「唐風文化から国風文化へ」は本当？ 受領は本当に悪吏だったのか？…気鋭の研究者らが新たな国家像に迫る。

978-4-334-10377-4

光文社新書

1322

名画の力

宮下規久朗

名画の力とは、現場で作品に向き合ったときこそ発揮されるものなのだ――。伝統の力から現代美術、美術館まで。七つのテーマで美術の魅力をより深く味わう極上の美術史エッセイ。

978-4-334-10378-1

1323

旧統一教会 大江益夫・元広報部長懺悔録

樋田毅

この世に真実を語り残しておきたい――。その生い立ちから六〇年近く過ごした旧統一教会での日々、そして病を患ってからの心境の変化まで、元広報部長による人生をかけた懺悔。

978-4-334-10397-2

1324

定年いたしません！

「ジョブ型」時代の生き方・稼ぎ方

梅森浩一

「終身雇用」崩壊の時代、考えておくべき定年前後のライフプラン。自身が定年を迎えた人事のプロが、現実を前に、ジョブ型転職や給与、65歳からの就活について余すところなく解説！

978-4-334-10398-9

1325

なぜ地方女子は東大を目指さないのか

江森百花　川崎莉音

資格取得を重視し、自己評価が低く、浪人を避ける――。地方と女性という二つの属性がいかに進学における壁となっているのか。現役東大女子学生による緻密な調査・分析と提言。

978-4-334-10399-6

1326

しっぽ学

東島沙弥佳

ヒトはどのようにしてしっぽを失った？　しっぽにどんな思いを馳せてきた？　しっぽを知って、ひとを知る――。文理を越えて研究を続けるしっぽ博士が、魅惑のしっぽワールドにご案内！

978-4-334-10400-9